Philipp Joseph von Rehfues

Rehfues mit Biogr

Philipp Joseph von Rehfues

Rehfues mit Biogr

ISBN/EAN: 9783743640887

Hergestellt in Europa, USA, Kanada, Australien, Japan

Cover: Foto ©ninafisch / pixelio.de

Weitere Bücher finden Sie auf **www.hansebooks.com**

Meyer'
Groschen=Bibliothek
der
Deutschen Classiker.
Eine Anthologie in 365 Bändchen.

Dreihundertundneunundzwanzigstes Bändchen.

Rehfues.

Meyer's
Groschen-Bibliothek
der
Deutschen Classiker
für alle Stände.

(„Bildung macht frei.")

Dreihundertundneunundzwanzigstes Bändchen.

Rehfues.

Mit Biographie.

===

Hildburghausen:
Druck vom Bibliographischen Institut.
New-York: Hermann J. Meyer.

Biographischer Umriß.

Philipp Joseph Rehfues.

Ph. J. (von) Rehfues wurde den 2. Oktober 1779 zu Tübingen geboren; sein Vater war daselbst Bürgermeister. Er besuchte das dasige protestantische Gymnasium, nahm aber aus Abneigung gegen die Theologie 1801 eine Hauslehrerstelle in Livorno und blieb auch nach Auflösung dieses Verhältnisses noch einige Jahre in Italien, während welcher Zeit er mehre diplomatische Aufträge der Königin Karoline von Neapel besorgte. Im Jahre 1806 trat Rehfues mit dem Titel eines Hofraths als Bibliothekar und Vorleser in die Dienste des damaigen Kronprinzen Wilhelm von Würtemberg; es war ein Amt, das ihm Muße genug zu einer Reise durch Frankreich und Spanien, sowie zu literarischen Arbeiten ließ. Seine Theilnahme an der Befreiung Deutschlands von der Fremdherrschaft, die er namentlich durch seine „Reden an das deutsche Volk" (1813 und 1814) bewies, verschafften ihm 1814 die Ernennung zum Generalgouverneur von Koblenz und bald darauf zum Kreisdirektor in Bonn. In dieser Stellung erwarb er sich durch seine Geschäftstüchtigkeit so großes Vertrauen, daß er 1815 zur Armee nach Frankreich berufen wurde, wo er sich besonders die Gunst des Freiherrn von Altenstein erwarb.

Nach der Gründung der Universität Bonn 1818 wurde er bei derselben erst als Regierungskommissär und im folgenden Jahre als außerordentlicher Regierungsbevollmächtigter und Kurator angestellt, und hat als solcher nicht wenig zur Blüthe dieser Hochschule beigetragen. Seine Verdienste wurden von Seiten der Regierung durch Ertheilung des preußischen Erbadels anerkannt. Gesundheitsrücksichten nöthigten ihn 1827 zu einer abermaligen Reise in das südliche Europa, von welcher er erst nach 2 Jahren zurückkehrte. Im Mai 1842 gab er endlich seine amtliche Stellung auf und zog sich auf sein Gut im Siebengebirg zurück, wo er am 23. Oktober 1843 starb.

Als Schriftsteller war Rehfues bereits 1802 mit dem Journal „Italien" aufgetreten, das er gemeinschaftlich mit Tscharner herausgab, und dem sich als Fortsetzung die „Italienischen Miscellen" das „Gemälde von Neapel" (1808), die „Briefe aus Italien" während der Jahre 1801—1805" (4 Bde., 1809 ff.) und mehre andre Schriften über Italien und Sicilien anschlossen. Als Frucht seiner spanischen Reise erschien sein „Spanien" (1813), das noch als Manuskript von Guizot französisch bearbeitet worden war. Auch die „Süddeutschen Miscellen für Leben, Kunst und Literatur" (1811—1814) das „Europäische Magazin" u. A. fallen in diese Periode. Später übersetzte er die „Denkwürdigkeiten des Bernal Diaz del Castillo" (1838), eine Hauptquelle für amerikanische Geschichte, und schrieb „Ueber Vermögen und Sicherheit des Besitzes; Gespräche zwischen dem Beamten, dem Freiherrn und dem Kaufmann" (1843). Anonym erschien sein Hauptwerk, der Roman „Scipio Cicala" (1832), ein Dichterwerk voll Geist, Wissen und Feinheit, reich an eigenthümlichen Anschauungen, ergreifenden Situationen und bedeutenden Charakteren. Nicht minder vortrefflich, wenn auch nicht so durch gleiche Lebendigkeit und Farbenpracht der Schilderungen, sind seine folgenden, ebenfalls anonymen Romane „Die Belagerung des Kastells von Gozzo oder der letzte Assassine" (1834) und „Die neue Medea" (1838).

Der Golf von Neapel.

Schon im Alterthum hat man den Meerbusen von Neapel mit einer Schale verglichen, unerachtet nur die Form im Allgemeinen und das Element, das sie einschließt, die Vergleichung einigermaßen rechtfertigen. Wenigstens findet der Rand dieser Schale eine große Unterbrechung in den beiden Vorgebirgen der Minerva und von Misene, wovon jenes den Golf auf der südlichen, dieses auf der nördlichen Seite einschließt. Von dem Standpunkt der Galeeren aus betrachtet — welcher auch noch so ziemlich der unserige ist — verbirgt sich das erste ganz hinter dem nahen Vorsprung der Höhen, an die sich die Stadt Sorrent anlehnt, und auf welchem ohne Zweifel die Villa des Pollio lag, von der wir noch eine poetische Beschreibung von Statius besitzen. Gleichermaßen ist dem Auge die Insel Capri entzogen.

Ihre schroffe Form bildet einen gewaltigen Contrast gegen die andern Inseln ihrer Nach=

barschaft und scheint fast all das Unheimliche auszudrücken, das Capri für Jeden haben mochte, der es zur Zeit sah, als Kaiser Tiber hier seine Menschenscheu und Tyrannenfurcht mit seinen geheimen Lastern verbarg. Zwei andere Inseln schließen sich in ziemlicher Entfernung auf der Linie zwischen den beiden Vorgebirgen an sie an. Die nächste und größte im Golf ist die Insel Ischia, aus deren Mitte sich der Epomeo zum Himmel hebt und durch den Rauch, der von seiner Spitze empordampft, alle Verführung und alle Gefahr der fruchtbaren Gefilde verräth, die in der üppigsten Vegetation von seinem Fuß gegen die Küsten auslaufen. Näher an Ischia als an Capri liegt das Eiland von Procida, sehr verschieden von beiden durch seine Flachheit, seine hohe Cultur, durch den Fleiß und die Sittenreinheit seiner Bewohner. Noch paßt hier, was ein Dichter sang:

„Auch Procida eröffnet seine Buchten,
  Ein reines Volk voll Heldenmuths wohnt da,
Das unf'rer Zeiten Laster nie versuchten,
  Das unf'res Glanzes Elend niemals sah.
Reich ist's in seiner kargen Wünsche Schranken,
  Und groß in seiner armen Wenigkeit,
  Und ruhig bei der Elemente Streit,
Wenn seiner Insel Felsenpfeiler wanken."

Es ist nur eine kleine Fahrt bis zum Vorgebirge von Misene, wo einer der größten Waffenplätze der römischen Marine unter den ersten Kaisern war.

Schon in der Entfernung stellt sich die Mannichfaltigkeit der anmuthigen Formen des Landes und der Reichthum und Reiz der Farben dar, welche darüber ausgegossen sind. Vom misenischen Vorgebirge an scheint der ganze Halbzirkel des großen Golfs an seiner Küste hin in einer zehn Stunden langen Reihe von Städten und Ortschaften zu bestehen, in deren Mitte Neapel selbst prangt, wie es seine Hunderte von Straßen über die Berge wegstreckt und sich mit zahllosen weißen und grauen Häusern aller Gestalten und Größen von hinten auf dem bunten Teppich der üppigsten Südvegetation abschneidet und von vorn in den klarsten aller Fluthen spiegelt.

Ueber die lieblichen Hügel, die wie eine ruhende Heerde die lachenden Ufer umlagern, streckt der Vesuv die Doppelzinne empor, und seine alten Verwüstungen würden als Mährchen erscheinen, hätte die Vegetation bereits alle seine Lavaströme zu bewältigen vermocht. An seinen sanften, in Fruchtbarkeit Alles überbietenden Abhängen wohnt eine ansehnliche Bevölkerung in vollkommenster Vergessenheit des Unterganges, der sich vielleicht unter ihren Füßen bereitet.

Und wie sich die Natur hier mehr als irgendwo in schneidenden Contrasten zu gefallen scheint, so schiebt sich an alle Anmuth der freundlichsten Uferformen auf einmal die ungeheure Masse des Kalkgebirges von Monte=Chiaro in stolzer Erhabenheit und taucht sein Vorgebirge dello Scutolo von schwindelnder Höhe herab senkrecht in eine unergründliche Tiefe. Hinter ihm verbirgt sich der kleine Busen von Castellamare, als ob er sich der Vergleichung mit den Küsten von Sorrent entziehen wollte; denn zur Schutzmauer für das liebliche Thal dieser Stadt scheint das gewaltige Gebirge gegen die Klüfte des Monte=Faito gestellt, dessen fast unaufhörlich emporsteigende Dünste einen neuen Contrast gegen den lachenden Himmel bilden und, schnell vor der Sonne schmelzend, gleichsam einen beständigen Sieg des herrlichen Klimas verkündigen. Die mancherlei Formen, in die sich das bildsame Gestein an den perpendicularen Felswänden auszackt, nähern sich in ihrem Reichthume beinahe symmetrischen Bildungen; wo aber die Woge seit Jahrtausenden ihre Gewalt geübt, haben sie Grotten von jeder Gestalt und Größe ausgehöhlt, in denen sich die graushaften Wunder des Elements zu bergen scheinen, wovon die Sagen der Völker erzählen werden, bis alle Räthsel der Natur von dem menschlichen Geiste gelöst sind. Aber in dem Maß, in welchem sich der starre Felsen dem Thale von Sorrent nähert, bedeckt er sich mit Reben und Oliven, um nicht ganz ohne Schmuck neben all dem Farbenreiz zu stehen, den die kräftigste Vegetation unter der verschwenderischen Gunst des mildesten Klimas hier entwickelt. Wer es nur von der See aus sehen kann, dem erscheint dieses ganze Thal als ein Wald von Orangen= und Citronenbäumen, über die sich blos hier und da ein blendend weißes Haus mit seinem platten Dache, oder ein Maulbeerbaum von kühnerm Wuchse, oder eine Ulme, eine Pappel, eine Karube oder ein Kastanienbaum erhebt. Diese dunkelgrüne Hauptmasse lehnt sich an einen Halbkreis von Bergen, deren mitunter kühne Formen in die blaßbläu=

liche Färbung der Olivenbäume schwinden und nur zuweilen in einer gewaltigen Felsmasse oder in einem zickzack emporsteigenden Gebirgswege hervortreten. Aber dieses ganze liebliche Tgal ruht wiederum auf einer Schönheit anderer Art, auf einem Felsengestade, dessen Formen an Kühnheit und Wildheit, Großartigkeit und Mannichfaltigkeit Alles, was die künstlerische Phantasie erschaffen kann, weit überbieten. In einer Höhe von mehren hundert Fuß fällt der Rand des ganzen Thales, von der üppigsten Vegetation bekränzt, über senkrechte Felswände bald in die Meereswogen selbst hinab, bald auf ungeheure Steinmassen, welche durch gewaltige Erschütterungen vom Lande losgerissen sind, oder auf schmale Sandufer, die von jeder Fluth bedeckt werden. An mehren Stellen sind diese kolossalen Felswände von Klüften durchschnitten, die bald als kleine Buchten, bald als Mündungen wilder Gießbäche erscheinen. Sie ziehen sich tief in das Land hinein und laufen in die Einschnitte des Gebirgs aus, welches das ganze Thal umschließt. Häufig sind sie unten weiter als oben; manchmal schließt sich die Vegetation von beiden Seiten über ihnen zusammen, so daß sie unterirdischen Gängen von ungeheurer Größe gleichen. Ein solcher finsterer Raum öffnet sich dann auf einmal wieder in einen weiten Kessel, worin die ergiebigsten Orangen- und Citronengärten angelegt sind. Schwerlich findet man diese Schluchten irgendwo in solcher Eigenthümlichkeit, und man kann nicht zweifeln, daß sie sich durch das Bersten der vulkanischen Massen, aus denen das ganze Thal zu bestehen scheint, bei ihrem schnellen Erkalten gebildet haben. Man lernt sie gewöhnlich nur von den vielen Brücken herab kennen, über welche alle Wege des Thals geführt werden müssen. In den engern von diesen Schluchten verbergen sich scheue Thiere, Schmuggler und Verbrecher; an einigen, die sich gegen das Meer erweitern, ziehen sich die für Pferde und Saumthiere gangbaren Wege nach den kleinen Häfen der Küste hinab, und die mancherlei Ansiedelungen des Verkehrs und des frommen Glaubens, welche im Süden Europas nie von einander getrennt sind, verleihen diesen Ansichten eine höchst pittoreske Eigenthümlichkeit. Ueberhaupt macht sich solche in den mannichfaltigsten Abwechselungen auf der ganzen, wohl zwei Stunden langen Felsküste bemerklich, auf welche der Halbzirkel von Bergen ausläuft, die das Thal von Sorrent von der Landseite umschließen. Wo im Alterthum auf den verschiedenen Höhen und Absätzen herrliche Göttertempel und glänzende Villen prangten, da haben sich Klöster und Kirchen, bescheidene Landhäuser und kleine Fischerwohnungen angebaut. Wären aber in den zahllosen Grotten, womit die Felsen der Küste in den verschiedensten Formen und Ausdehnungen durchbohrt sind, die Wohnungen der Troglodyten zu erkennen (wie mit Wahrscheinlichkeit behauptet wird, wenn man sich nicht um Namen streiten will), so ständen hier die Spuren dreier Weltalter friedlich neben einander, und unser Auge dürfte mitten in der ewigen Verjüngung der herrlichen Natur fast die Unsterblichkeit der Menschenwerke bewundern. Beinahe zu jeder Stunde des Tages wimmelt es von Fischernachen um diese Ufer, und wenn ihre Bewohner so viel Glück im Anschauen der herrlichen Natur zu finden vermöchten, wie Diejenigen, die sie nur gesehen, um sich ihr ganzes Leben hindurch darnach zu sehnen, so könnten sie in dem ewigen Wechsel der Beleuchtung, deren Spiele hier unerschöpflich sind und die diese Erde manchmal zu einem wahren Elysium verklären, Genüsse erblicken, die vor allen andern Sinnengenüssen den Vorzug haben, daß sie die Ahnung höherer Welten in uns wecken und weder von Uebersättigung, noch von Reue begleitet werden

Der Karneval in Livorno.

Livorno, den 20. Februar 1802.

Nach der lebendigen Beschreibung des römischen Karnevals durch den Herrn von Göthe muthen Sie mir, mein Freund, beinahe zu viel zu, wenn Sie in meinen Briefen noch etwas über diese festlichen Tage erwarten. Der Karneval der geistreichen Römer scheint die Beschreibung desselben in andern Städten Italiens überflüssig zu machen. Wenn Sie dieses Fest daher als einen malerischen Gegenstand betrachten, wo es darauf ankommt, die schönsten Seiten herauszuheben, und die minder gefälligen ins Dunkel zu stellen, so lege ich die Feder nieder. Sind Sie es aber zufrieden, daß ich Ihnen einige Züge kopire, welche ein einzelnes Volk oder mehrere sogar in diesen Ausbrüchen der zügellosen Freude karakterisiren, so möchte ich Livorno zum Schauplatz meiner Darstellung wählen.

An diesem Ort, dem Sammel- und Wohnplatz von Leuten so vieler Nationen, gewinnt die Ansicht des Karnevals eine ganz eigene Gestalt. Er gibt sich vielleicht nicht so rein italienisch, wie in Neapel, Rom u. s. w., dürfte aber eben darum für den Beobachter leicht merkwürdiger seyn, indem sich hier der Geist mehrerer Nationen in den Ergießungen der Freude und Thorheit ausprägt. Ueberdies bringt die Menge wohlhabender Leute, die in ganz Toskana verschrieene Jovialität der Livorneser, und auch der glückliche Zustand der niedrigsten Volksklassen derselben, welche so viel Geld verdienen, als sie nur wollen, in diese frohen Tage ein üppiges Leben, dessen weder der sparsame Florentiner, noch der ernste Römer fähig sind, mögen sie sich auch zur ausgelassensten Tollheit hinaufschrauben. Der Ausbruch der Freude ist bei Völkern und Individuen ganz der nämliche, und richtet sich nach ihrem Temperament. Der ernste, verschlossene Karakter wird im höchsten Freudenausbruch einem Berauschten ähnlich seyn; der harmlos lustige einem sorglos unbefangenen Menschen, der nur einige Züge über das Gewöhnliche aus dem Pokale getrunken hat.

Was den Karneval in Livorno besonders eigen macht, ist der große Antheil, den auch die Niedrigsten im Volke daran nehmen können, und wirklich nehmen. Ich habe im Vorbeigehn bemerkt, wie gut sich der gemeine Mann hier steht, ob er gleich nichts besitzt. Er findet immer etwas zu arbeiten; die Arbeit wird ihm reichlich bezahlt; das sorget nicht für den morgenden Tag, ist seine Lebensregel; und so wie er am Sonn- oder Festtag auf dem Markte den fettesten Kapaunen selbst dem ersten Kaufmann steigert, so entblödet er sich nicht, an den Korsotagen eine Miethkutsche zu nehmen, und eben so vergnügt in die Reihe zu fahren. Ich erzähle Ihnen ein andres Mal mehr Merkwürdiges von diesen Leuten; lassen Sie mich hier noch etwas von einer andern Menschenklasse sagen.

Die Hauptspieler in dieser Komödie sind großentheils die Fremden. Unter diesen will ich Ihnen nur die Matrosen der fremden Schiffe bezeichnen, um zum Voraus Ihre Aufmerksamkeit auf sie zu richten. Wenn der Seemann auf dem Elemente ohne Balken herumgeschwommen ist, schwindelt er, so wie er den Grund betritt, und Sie glauben nicht, welche lustigen Auftritte man oft hier mit diesen Leuten erlebt; daß sie an einem Feste, dessen gröbste Seiten sie nur verstehen, den lebhaftesten Antheil nehmen, können Sie sich denken. Glücklicher Weise fällt der Karneval gerade in die Zeit, wo sich die meisten fremden Schiffe hier befinden; und auch die Befehlshaber der, im mittelländischen Meer kreuzenden Kriegsschiffe wissen ihre Maßregeln immer so gut zu nehmen, daß auch ihre Mannschaft gewöhnlich den Karneval in einem italienischen Hafen, und am häufigsten in Livorno mitgenießt.

Später, als im übrigen Italien, beginnt der

Karneval in dieser Stadt. Der 27. Januar ist ein allgemeiner Bußtag für die Bewohner Livorno's, welchen man mit Fasten und Beten begeht. Da wird die Erinnerung an den 27. Januar 1742 erneuert, welcher durch ein heftiges Erdbeben die Faschingsfreuden fürchterlich störte. In ihrer Angst versprachen sie dem Himmel, vor diesem Tage nicht wieder lustig zu seyn, wenn er sie nach demselben nicht stören wollte, und bis jetzt hat er es auch getreulich gehalten. Manche, die den Anfang des Karnevals daher nicht erwarten, und gegen den Himmel doch nicht wortbrüchig werden wollen, gehen nach Pisa und andern Oertern, welche keine so beschwerlichen Verträge gemacht haben.

Die ersten Tage dieser festlichen Zeit unterscheiden sich von andern sehr wenig. Nur die gesellschaftliche Unterhaltung richtet sich häufiger auf diesen Punkt. Man verabredet wohl auch schon Partien zusammen, macht Anstalten zu Masken u. s. w. Im Theater ist den letztern bereits der Eintritt erlaubt; allein nur wenige machen davon Gebrauch, außer an den großen Tanzfesten, Veglioni genannt, welche dort gehalten werden und wo sich besonders diejenigen vermummt einfinden, welche sich in guter Gesellschaft ohne Larve zu zeigen scheuen.

Diese Theatertanzfeste haben in Livorno etwas ganz Eigenes. Außer der großen Menge von Leuten aus allen vier Welttheilen, die sich hier, ohne Rücksicht auf den Unterschied der Menschenracen, in fröhlichen Tänzen mit und um einander herum drehen; außer der vollständigen, schönen Beleuchtung des Theaters und aller Logen;

außerdem Geiste der allgemeinen Gleichheit aller Stände, sind besonders die vielen Menschentrachten, welche man natürlich und als Maske findet, bemerkenswerth. Jeder zeigt sich in Livorno in seiner Nationaltracht, und die vielen reichen Kaufleute aus dem Osten und Süden treten bei solchen Gelegenheiten im höchsten Glanze ihres vaterländischen Kostüms auf. Auch die jüdischen Weiber dieser Länder lassen sich sehen, und man hat die merkwürdige Gelegenheit, den Kleidergeschmack vom prächtig steifen Goldstoff der Egypterin, und dem geschmacklos erkünstelt ungenirten Anzuge der Engländerin, bis zu dem reizenden koischen Gewande der Italienerin und Französin hinauf zu verfolgen. Wie merkwürdig es sey, hier die Nationalphysiognomien zu studiren, können Sie sich vorstellen, wenn Sie den fröhlichsten Tanz sich denken, in welchem bald jede studirte Gesichtsfalte in ihre natürliche Bequemlichkeit zurücksinkt.

Nichts geht über das freudige Erstaunen eines Orientalen, der zum ersten Mal in ein solches Fest eintritt. Er, der vielleicht nie ein anderes Weib gesehen hat, als seine Mutter und Schwestern und seine eigenen Weiber, steht nun mit einem Mal in der Mitte einiger hundert Weiber, welche alle sehr frei gekleidet größtentheils reizend, und nicht selten wirklich schön sind. Welche gierige Blicke schießt er unter seinen dunkeln Augbraunen hervor auf die Schätze, die er nie zu sehen gewohnt ist, ohne sie auch genießen zu können! Was muß er von uns Europäern denken, wenn er uns so sorglich um ein Geschlecht bemüht sieht, das, in seiner Vorstellung, nur Wesen einer zweiten

Kasse, nur Mittel und keine Zwecke umfaßt? Welche Erzählungen mag er bei seiner Heimkunft von dem Leben der Occidentalen machen? Wird man es nicht für Mährchen halten, wenn er die Wahrheit erzählt? — Wäre er nicht zu ernst, er würde den Kopf schütteln; und wäre er nicht zu gierig, so möchte er seinem Vaterland wohl die nämlichen Sitten wünschen.

Es wird abwechselnd bald deutsch, bald englisch, bald französisch, bald die allbeliebte Monferina getanzt. Jeder versucht es in den fremden Tänzen, und man hat häufig genug den Spaß, einen Engländer mit den flüchtigen Bewegungen der französischen Musik, oder mit den Schwindeln des deutschen Walzers ringen zu sehen. Häufig erheben sich Parteien gegen diesen oder jenen Tanz, die, höflich genug, blos durch lautes Klatschen der Musik zu schweigen geblieten.

Die jetzige Sitte gebietet dem Tänzer, jede Forderung um seine Tänzerin zu gewähren. Diese nun, wenn sie schön ist, und gut tanzt, kann keinen Ort finden, wo ihren Vorzügen mehr gehuldigt würde. Auf sie lauern immer Schaaren von Männern, welche, so wie sie die Runde gemacht hat, sich um sie streiten. Oft will sich der Glückliche nicht trennen; er kapitulirt mit dem Fordernden; und alles läuft, trotz der so sehr verschrienen Hitze und Eifersucht der Italiener, ohne Blutvergießen und sogar ohne heftigen Wortwechsel ab. Aber die Damen, welche doch in diesem Lande Königinnen sind, haben bei diesem Streite keine Stimme.

Nach Zwölf verbreiten sich auf einmal ganz

eigene Gerüche im Hause. Die magere Zeit des Freitags und Sonnabends hat mit dieser Stunde geendigt, und das Reich der fetten Küche beginnt nun. Der religiöse Fastenzwang ist den Livornesen außerordentlich beschwerlich, und die erste Stunde, in welcher derselbe aufhört, wird, wo möglich, durch reichlichen Genuß der Freiheit gefeiert. Die Menge vermindert sich im Parterre, und Freunde und Bekannte suchen sich zusammen. Es sind die Kapaunen, die Rostbeefs, die Schnepfen, welche sie riechen. In jeder Loge wird zu Nacht gegessen, und die Wirthin thut das Möglichste, damit es den Gästen ja an nichts fehle. So viele Personen, als nur immer Platz haben, sitzen in dem engen Raum einer Loge beisammen; ja noch mehr, als Platz haben, finden sich nach und nach ein. Je enger man beisammen sitzt, desto vergnügter ist man auch; und es läßt sich keine lustigere Gesellschaft denken, als eine solche, bei einem trauten Souper versammelte. Unglaublich schnell geht einem die Zeit unter diesen Freuden der Tafel, der Gesellschaft und der Musik hin. Selbst der Ernst des levantinischen Juden erheitert sich hier in ein Lächeln, das dem langen Bart nicht zum besten steht. Wer keine Loge, oder keine gastfreien Bekannten hat, kann es diese Zeit über kaum aushalten. Tanz, Herumlaufen und die späte Zeit erwecken ihm einen Appetit, welcher durch den, im ganzen Theater verbreiteten Geruch der Speisen zum quälendsten Hunger wird. Wer sich nicht mit den, außen zum Verkauf stehenden Austern helfen will, der muß zu einem Restaurateur gehen, oder Hunger leiden.

Stellen Sie sich ja nicht vor, daß solche Nachteſſen blos von den erſten Leuten der Stadt gegeben werden. Nein, jeder Bürger, der nur ein wenig mitmacht, will den Karneval über einmal in dem Theater ſpeiſen, und, mag es ihm auch koſten was es will, er ſcheut die Ausgabe nicht. Der Preis einer von den beſſern Logen iſt an ſolchen Abenden gewöhnlich zwiſchen ſechs und zehn Dukaten, und viele, die Jahr aus Jahr ein das Theater beſuchen, enthalten ſich jetzt ihrer Gewohnheit manchmal, um dieſen Nutzen aus ihren Logen zu ziehen. In jeder Handelsſtadt gibt es ſolche Leute, — und glauben Sie nur gar nicht, daß Jemand hierin etwas Erniedrigendes finde. Nein! ſo ſehr alle aufgelegt ſind, an einem Abend den Erwerb von Wochen durchzubringen, ſo billig finden ſie es auch, daß ein Andrer ſich die Thorheiten ſeiner Mitbürger zu Nutzen macht.

Während dieſer Zeit iſt das Theater ziemlich leer, ſind der Tanzenden weniger geworden. Allein etwa zwei Stunden nach Mitternacht füllt ſich auf einmal der ganze Saal wieder an. Das Gedräng iſt jetzt meiſt ſo groß, daß man nur mit Mühe durchgehen kann, und nicht ſelten von dem Haufen fortgeſchoben wird. Die meiſten Masken haben ſich der beſchwerlichen Larven entladen, und man ſucht manche derſelben neugierig auf, um zu erfahren, ob das Geſicht zu der übrigen Wohlgeſtalt des Körpers ſtimme. Manche naht ſich jetzt, die einen vorher unerkannt geneckt hatte. Nicht ſelten trifft ſie die unangenehme Ueberraſchung, auf einem ſchönen Hals und bei reizvollem Wuchſe, wo die

Phantasie schon aus der Klaue den Löwen gebildet hatte ein abschreckendes Gesicht zu finden. Mancher, den man als Arlekino oder Policinello, oder sonst in einer gemeinen Maske vernachlässigt hat, erhält nun sein Recht. Der Geist der Fröhlichkeit ist überhaupt lauter und allgemeiner geworden. Denn wessen Munterkeit würde nicht durch die Freuden der Tafel und des Bechers, und die Scherze seiner Tischgesellschaft um einige Grade über das Gewöhnliche hinauf gespannt?

Solcher Tanzfeste im Theater sind in Livorno während des Karnevals jede Woche eins oder mehrere. Sie unterscheiden sich von einander durch nichts, als die zufällige Verminderung oder Vergrößerung der Menschenzahl. Im Ganzen ist das Vorletzte immer das besuchteste.

Bis in die letzte Woche des Karnevals muß ich auf einmal mit Ihnen vorrücken; denn bis dahin geschieht wenig Merkwürdiges. Es scheint sogar gegen den guten Ton zu seyn, sich früher zu maskiren, und ob es gleich des Abends nicht an Masken fehlt, so sind es nur die Leute der niedern Volksklassen, welche nicht warten können. Indeß hat doch jeder, dem der Einfall kommt, sich zu verkleiden, immer ein großes Gefolge hinter sich her, und dem Italiener ist die theilnehmende Freude, selbst beim Anblick der erbärmlichsten Maske, deutlich im Gesicht ausgedrückt. Denn sie erinnert ihn an dieses Abenteuer oder jenen Spaß, wenigstens an die frohe Zeit, welche nun vor der Thüre ist, und wo auch er sich auf seine eigene Art lustig zu machen gedenkt. Der gemeine Mann ist es hauptsächlich, der in diesen Tagen sich vergnügt, und die breitschultrigen, nervösen Lastträger (facchini), von denen es in dieser Stadt wimmelt, finden besonders viel Freude an Weibermasken. Es ist das Abgeschmackteste, was man eben kann, wenn ein solcher dicker, oft schon bejahrter Kerl mit geschminktem Gesicht und einer Pfeife im Munde — denn die darf nie fehlen — in langen Röcken und einer Perüce von Papier, aber nach der neuesten Mode der Damen aufgesetzt, einherzieht, und die Frauen seiner Herren lächerlich macht. Einen sah ich sogar einmal ganz nackt durch die Straßen gehn. Er war eine Herkulesform, und hatte sich den ganzen Körper mit schwarzer Thonerde bemalt. Mit Fesseln am Fuße, und an denselben von einigen Türkenmasken geführt, galt er nun auch für eine Maske, und entging der Polizei, welche ein solches Skandal nur hier duldet, wo sie die lareste ist, die es geben kann. Späße dieser Art von Masken sind natürlich nicht die feinsten, und wenn sie satyrisiren wollen, so geschieht es auf eine so schmutzige Weise, daß man erstaunt, wie der Unfug — auch alle Maskerfreiheit zugestanden — geduldet wird. Und doch sehen Sie Niemand die Nase rümpfen, kein Frauenzimmer das schon halbgeöffnete Fenster wieder zuschlagen, wenn ihr eine solche Gestalt ins Auge fällt.

Der Giovedi grasso, der fette, der letzte Donnerstag im Karneval, möchte wohl der höchste Punkt seiner Freuden seyn. Dies ist der erste Korsotag, und mit ihm beginnt, so zu sagen, der Karneval des Karnevals. Schon gegen dre

Uhr Nachmittags wird man durch den Lärm, der nun auf den Straßen anfängt, vom Tische aufgejagt. Haufen von Policinellen, Arlekinen und sogenannten Teufeln durchschwärmen mit wildem Jubel die Stadt. Die vielen Kutschen und Wagen aller Art eilen so schnell als möglich an die Häuser, wo sie ihre Ladung einnehmen, oder in die große Straße, wo der Korso gehalten wird, und sie Liebhaber genug zu ihren Fuhrwerken finden.

Diese Straße ist vielleicht eine der schönsten, welche man zu einem solchen Zwecke finden kann. Ungefähr 1000 Schritte lang, sehr breit und regelmäßig gerade gezogen, durchschneidet sie die Stadt und den großen Platz gerade in der Mitte, und endigt an den beiden Thoren. Auf der einen Seite derselben geht der Zug gerade hinunter, und beugt beim Herauffahren auf den großen Platz hinein, wodurch sehr viel Raum gewonnen wird. Eine Kompagnie Soldaten ist durch die Straße vertheilt, und hält den Zug in Ordnung. Auf beiden Seiten und in der Mitte des Zugs ist zwar ein großer Raum, doch für das volkreiche Livorno zu wenig, übrig. Allein ohne Gefahr darf man sich in das dichteste Gedräng mischen, weil hier kein lächerlich pomphöser Senator, kein fremder Gesandter, Niemand das Recht hat, außer der Reihe zu fahren.

Dieser Korso möchte sich nur wenig von dem in Rom und andern Städten Italiens unterscheiden. Das Vorzüglichste daran besteht, wie dort, in dem Werfen mit kleinen Konfekten, welche in dem verschwenderischen Livorno aus Zucker, und nicht, wie anderwärts, aus Gyps ober wohl gar Bohnen und Erbsen bestehen. Was das Merkwürdigste daran seyn dürfte, ist: daß sich hier alle Stände in dieser Feierlichkeit vermischen. Glauben Sie gar nicht, daß blos die Kaufleute und die Ersten der Stadt an dieser Freude Theil nehmen. Der Aermste eben so gut, als der Begütertere, miethet sich seine Karosse, setzt sich mit oder ohne Maske, aber mit einem Korb voll Konfekten hinein, und fährt in den Korso. Die schönste Equipage sieht sich von der erbärmlichsten Miethkutsche angefallen, und der Geist der Gleichheit, welcher in diesen Tagen herrscht, läßt es dem Stolz und dem Unwillen nicht zu, nur eine saure Miene zu machen. Wer sich nur die geringste Empfindlichkeit merken lassen wollte, würde sich einem allgemeinen Angriff aussetzen. Manchen Kärrner sah ich auf seinem elenden Mistfuhrwerk in die Reihen fahren, und Niemand ärgerte sich darüber, da er es doch wenigstens mit frischen Zweigen bestreckt hatte. Manche dieser Karren sind so stark mit grünenden Aesten bepflanzt, daß sie, Birnam's Walde ähnlich, kaum das liebende Paar erkennen lassen, welches in seinem Schatten sitzt. Die Allermeisten sind maskirt; allein in keiner Maske ist der Stand zu erkennen. Es gibt hier viele Kleidervermiether, bei denen man sich um den nämlichen Preis zum Großsultan oder zum Arlekino herausputzen kann. Die letztere Maske, so wie die des Policinello, obgleich die allergemeinsten, werden doch am liebsten gewählt, weil sie der Laune am wenigsten gebieten, und die ausgelassenste Narrheit entschuldigen. Das ernsthafteste Gesicht verzieht sich zu einem gutmüthigen

Lächeln, wenn ein Policinello mit seiner Peitsche, an deren Leine eine luftgefüllte Blase befestigt ist, einem tüchtig, daß es laut schallt, auf den Rücken pauft. Nichts kann Sie vor ihm schützen, und weder das graue Haar, noch das ehrwürdige Priestergewand ist vor ihm sicher. Sie müssen sich's gefallen lassen, bis er einen andern Rücken gefunden hat, welcher ihn eben so sehr anzieht, als es der Ihrige gethan hat.

Auch Reiter mischen sich in die Haufen. Nicht selten sind es prächtige Maskenzüge, durch die man sich wirklich über die Kostüms anderer Völker belehren kann. So sah ich eine Gesellschaft von französischen Offizieren, deren größter Theil im Orient gewesen war, einen großen Zug zu Pferde halten. Sie stellten eine Spazierfahrt des Großsultans vor, und sein Gefolge bestand aus Truppen aller verschiedenen Uniformen, welche sich in seinen Armeen befinden. Ein andermal sind es Züge von Dichtern, die, statt auf dem Pegasus, auf Eseln zu reiten die Ehrlichkeit haben. Häufig sind es bekannte Personen der Stadt, besonders der Judenschaft, welche nach dem Leben kopirt erscheinen. Im Ganzen muß man gestehen, betragen sie sich alle den Karakteren ihrer Masken gemäß. Unter einer so ganz gemischten Gesellschaft, und bei der so weit gehenden Freiheit des Festes, läßt sich nicht erwarten, daß die Linie des Spaßes immer so ganz genau beobachtet würde. Obgleich ein Gesetz dagegen vorhanden ist, so versehen sich doch Manche mit so großen Konfekten, daß sie Ihnen Beulen damit werfen können. Auf einem Wagen stand eine Gesellschaft solcher Genossen, die sich mit verschiedenen Sorten von Munition versehen hatten, worunter die gefährlichste in großen, mit Puder gefüllten Beuteln bestand. Es war ein schöner Tag, die Elegants der Stadt hatten sich köstlich herausgeputzt, manche waren schwarz erschienen. Diese, und jeder, welcher sich ihnen in einem dunkeln Kleide näherte, erhielt eine Ladung, und die Wirkung war ungefähr die nämliche, welche Vaillants mit Wasser geladene Flinte auf die armen afrikanischen Vögel hervorbrachte. Ob man sich gleich über diesen Mißbrauch der Karnevalsfreiheit ärgerte, so konnte man sich doch nicht enthalten, über den Schrecken der feinen Herren zu lachen, welche mit einem Mal ihre sämmtlichen Schönheitswaffen zerstört, und sich gezwungen sahen, entweder nicht comme il faut erblickt zu werden, oder nach Hause zu gehen. Viele verschworen sich gegen sie zusammen, und die Unverschämten wurden nun mit ganzen und halben Citronen, und mit Eiern, um häßliche Flecke zu machen, so derb angegriffen, daß sie nichts anders zu thun wußten, als sich alle mit dem Rücken auswärts zu stellen, und auf dem unempfindlichsten Theil die Strafe für ihre Bosheit zu empfangen.

Alle Comptoirs sind diesen Abend geschlossen, Jedermann ist am Fenster, oder auf den Straßen. Wer ein ernsthaftes Gesicht machen wollte, dem würde unter die Nase gelacht werden. Entweder man muß mittoben, oder zu Hause bleiben.

Es ist sonderbar, wie die Freude so ansteckend ist. Wär' es die Traurigkeit eben so sehr, man würde den Weinenden wie einen Pestkranken fliehen. Ich kenne viele, die, den Karneval blos aus Büchern kennend, mit Achselzucken hingegangen sind, um einst wenigstens sagen zu können, sie hätten die Thorheit mit angesehen. Haben sie sich aber einmal unter die Haufen gemischt, so können sie der Lockung zu dieser Lustbarkeit so wenig widerstehen, daß sie vielleicht die Ausgelassensten sind. Ich darf es Ihnen wohl gestehen, daß es mir gerade so ergangen ist. Ein Fremder sagte mir neulich: der Karneval ist doch nichts anders, als ein Divertissement für Kinder. Ich mußte ihm das eingestehn, allein die Worte der Maria Stuart hinzusetzen:

Laß mich ein Kind seyn, und sey es mit mir. Aber es läßt sich wirklich auch viel in diesen kindischen Spielen entdecken, wenn man sich gerade nicht an das Aeußere derselben hält. Bedeutung und Sinn liegt in Allem, und jedes Spiel, jede Posse ist mir darum merkwürdig, auch wenn ich sie nur als Allegorie betrachte, und als solche mir sie deute. Ich liebe diese Art zu sehen, und Manches, was mir sonst Ekel erregt hätte, wurde mir so interessant. In Spielen und Possen prägt sich ohnedies der Karakter des Einzelnen, so wie der Nation, am deutlichsten aus. Jede Verstellung, welche sonst die Verhältnisse nöthig gemacht hatten, hebt die Freiheit und Unbekanntheit der Maske auf. Obgleich verkleidet, stellen sie sich alle weit natürlicher dar, als in den puris naturalibus der bürgerlichen Verhältnisse.

Die Karnevalsspiele sind nichts anders, als Sinnbilder, ohne Absicht vielleicht entstanden, und durch Zufall ausgebildet. 'Der Hang zu Bildern ist der Menschheit angeboren, und in der ersten Kindheit derselben findet man ja jene ernste, gedankenvolle Muse am häufigsten. Jeder Tanz, jedes Spiel ist eine Allegorie, welche auf den Karakter des Erfinders, so wie des Tanzenden und Spielenden, sicher schließen läßt.

Darum freut mich die Karnevalsfeier mehr, als jede andre. Sie ist mir bedeutend geworden, selbst durch das, was ich hineinlegte, und was vielleicht nicht darin ist. Ich sahe Sinn in diesen Bildern der Narrheit, und wo Vergnügungen Sinn haben, da darf man auch sicher auf den Geist des Volkes schließen; denn in diesem reichen Stoffe prägt er sich am leichtesten und am deutlichsten aus. Man sagt sonst, zu Narrenrollen auf dem Theater gehöre am meisten Verstand und Talent, und einem Volk, das sie gut zu spielen weiß, fehlt es gewiß nicht daran. Ich freue mich, Ihnen in einem meiner folgenden Briefe meine Gedanken über den Zusammenhang der Karnevalsspiele, mit dem allgemeinen Hang der italienischen Nation zur Satyre, vorzulegen. Für jetzt begleiten Sie mich noch einmal in den Korso zurück, wo sich indeß das Gedränge immer mehr vergrößert, die Kämpfe stärker erbitzt haben.

Ich habe Sie schon zu Anfang meines Briefs auf die Matrosen der fremden Schiffe aufmerksam gemacht. Daß diese auch hier sich einfinden, kann man sich vorstellen, wenn man nur ein wenig vom Karakter dieser Art von Leuten weiß. Die meisten derselben nehmen sich eine Larve vor's Gesicht, und Sie dürfen darauf wetten, daß dieses immer eine der allerscheußlichsten ist, die sie nur auftreiben können. Der rohe Mensch bewundert die Schöpfungskraft der Natur am lebhaftesten in der Mißgeburt, und auch hier findet sich kaum ein Larvengesicht, das ihm abscheulich genug verzogen wäre. Ohne weitere Maske setzen sie sich zu Haufen in die Miethkarossen, oder durchlaufen in Schwärmen das Gedränge. So weit ihre Munition reicht, werfen sie Jedem mit vollen Händen ins Gesicht, und ist diese zu Ende, so halten sie die Hüte bettelnd gegen die Fenster empor, und flehen, immer in ihrer Muttersprache, daß man sie füllen solle. Selten läßt sich ein Haufen von ihnen sehen, bei welchem sich nicht eine volle Rumbouteille befände, und sie trinken von den Straßen hinauf den Frauenzimmern, die in den Fenstern liegen, Toasts zu. Ueberhaupt habe ich selten einen englischen Matrosen gesehen, der nicht betrunken war. Im Ganzen sind sie doch nicht so toll, als man erwarten sollte, denn die, doch meist bedeutenden, Possen der Arlekine und Pollcinelle erreichen sie nicht. —

Ich könnte Ihnen nun hier noch diese und jene Maske zeigen, die ich im Korso erblicke. Allein ich verspare dies auf einen der folgenden Tage, wo das Gedränge in der großen Straße nicht so beschwerlich seyn wird. Begleiten Sie mich lieber in das Theater, welches heut' ganz besonders glänzend ist.

Es sind nämlich diesen Abend alle Logen im Theater erleuchtet, und alle, so wie das Parterre, gedrängt voll von Menschen. Die Oper ist heute nur Nebensache, und es zeigt sich nie auffallender, als jetzt, daß das Theater in Ita=

lien mehr als der allgemeine Berührungspunkt der Gesellschaft anzusehen ist, wie ich Ihnen in der Folge meiner Briefe weitläufiger beweisen werde. Vor dem Lärm der Zuschauer ist kaum ein Instrument hörbar, und selbst die Buffonerien des geliebten Nalbi — vielleicht des ersten Buffo Italiens, der im letzten Karneval in Livorno sang — sind kaum vermögend, die Aufmerksamkeit des Publikums auf sich zu ziehen. Mit dem Rücken gegen die Scene sind die meisten den Logen zugewandt, wo der kleine Krieg des Korso noch lebhaft fortgesetzt wird. Der Abend hat denselben in der großen Straße nur unterbrochen, und Manche, die in der Hitze des Gefechts eine artige Bekanntschaft gemacht, benutzen sie nun hier, wie sie sie angefangen haben. Freunde und Bekannte machen einander durch einen Regen von Geschüz gegenseitig aufmerksam, und begrüßen und unterhalten sich fechtend. Einer lehnt sich gegen den Andern zu, als ob er ihm etwas sagen wollte, und wenn der Andre das Ohr auch hinneigt, so hat er auch gleich die Hand gefüllt, um List gegen List zu vergelten. In das Parterre hinab wirft man nach seinen Bekannten, um ihnen einen Gruß oder Gegenschuß zu erpressen. Manche Dame hat ungeduldig diese Zeit erwartet, um einem furchtsamen, sich blos mit Augenerklärungen begnügenden Liebhaber diesen deutlichen Beweis ihrer Aufmerksamkeit auf ihn zu geben, und ihn durch die leichten Gefechte des Scherzes an die ersehnten der Liebe zu erinnern. Die Konfekte regnen aus den Logen herunter von den Kämpfen, die oben gehalten werden, und prasseln ihnen, wie Hagel, auf ben Hut. Der Boden ist bald ganz weiß übersät, und — wer auch den allergeringsten Antheil nimmt — wird des Abends, wenn er sich entkleidet, durch die Konfekte, die ihm aus den geöffneten Kleidern fallen, noch an diese Scherze erinnert.

Am meisten haben die Schauspieler auszustehen. Je beliebter einer ist, desto grausamer wird er behandelt, und Viele machen sich den unartigen Spaß, dem Sänger gerade in den Mund, oder den Weibern auf andre Theile des Körpers zu zielen. Nalbi erschien daher auch mit Brillen, und als diese nichts helfen wollten, sogar mit einem Flor vor dem Gesichte. Ganze Säcke von Konfekten, mehrere Pfunde schwer, wurden ihm unter die Füße geworfen, und er war — — so zu sagen — immer überregnet. Auch die Tänzer mußten sich das gefallen lassen, und manche hatten Gelegenheit, ihre Gewandtheit in den flüchtigsten Bewegungen zu zeigen, wenn sie dem auswichen, was schon da war, oder was sie eben kommen sahen.

Sie wissen, daß es in Italien überall Sitte ist, in den Logen Besuche zu machen. Im Karneval braucht man einander nicht zu kennen, um dies zu thun, und der Neugierige nimmt sich in diesen Tagen eine Maske, blos um die Bequemlichkeit zu haben, überall hinzugehen, und die gefeiertsten Schönheiten von Angesicht zu Angesicht zu betrachten und zu prüfen. Den Masken wird immer gleich der Sitz neben den Damen eingeräumt, und die Freiheit des Tages entschuldigt manche Keckheit, welche sonst nie verziehen würde. Durch Anspielungen auf Persönlichkeiten, auf geheime Geschichten u. s. w. wird eine Maske oft sehr räthselhaft, und darum auch desto wichtiger. Man beugt sich nahe gegen sie hin, um ihr ins Auge zu sehen, und sie hat dafür den Vortheil, nur auf einige Zoll Entfernung sich in den schönsten Augen zu spiegeln. Man wendet allen Witz an, sie auszufragen, ihr gut zu antworten, und wenn man sie zu kennen glaubt, sie durch gleiche Anspielungen auf ihr geheimstes Leben — das sie vor der ganzen Welt verborgen zu haben glaubt — selbst unter der Larve in Verlegenheit zu bringen. Auch der Verliebte benutzt diese Stunden, sich ungescheut seinem Idole zu nähern, ihr in Räthseln sich deutlich zu machen, und in verblümten Antworten zur Hoffnung oder zum kühnen Angriff ermuntert zu werden. Mag ein Mann auch noch so eifersüchtig seyn, in diesen Tagen nützen ihm seine hundert Augen nichts, und es ist alles darauf zu wetten, daß er betrogen wird.

Auch dem Haß, dem Neid und der Bosheit kommt die Freiheit des Festes zu statten. Jeder darf sich darauf gefaßt machen, daß ihn der Feind zu finden wisse, und es müßte der Bosheit ganz an Verstand fehlen, wenn sie jetzt nicht bitter zu kränken vermöchte. Die Schönsten sind diesen Angriffen am meisten ausgesetzt. Eine Nebenbuhlerin, eine Neiderin, ein verschmähter Liebhaber sind unter der Maske gefährlich, und man erzählte mir auch von einem allzu neugierigen Gatten, der in der Verkleidung die Treue seines Weibes selbst auf die Probe setzte, und sie zu leicht fand.

Das Theater hat diesmal früher als gewöhnlich angefangen, und endet daher auch schon um zehn Uhr. Jedermann eilt nach Hause, um sich bis zwölf Uhr — wo die magere Zeit beginnt — mit dem Fette des fetten Donnerstags gütlich zu thun. Die Fröhlichkeit der Scenen des Tages wird bei diesem Nachtessen zur lauten Lustigkeit, und es verbreitet sich ein allgemeines Lachen, wenn der Schlag Zwölf den Mund, der bereits darnach geöffnet war, einem fetten Stücke Kapaun wieder verschließt. Bei der großen Vorliebe der Livorneser für das Fettessen muß man sich billig wundern, daß sie doch so wenig gegen das Gebot der Kirche sündigen.

Der nächste Samstag erlaubt die Faschingsfreuden wieder, welche der traurige Freitag und Sonnabend verboten hatten. Der Korso ist vielleicht diesmal nicht so zahlreich, die Menge der Masken auf den Straßen aber desto größer. Ein großer Theil darunter sind die Mägde, welche diesen Tag am besten genießen. Meist in mousselinenen oder auch rosenfarbenen seidenen Kleidern, haben sie eine Schachtel mit Puder und Quaste unter dem Arm, und jeder ihrer Bekannten, und wer ihnen gefällt, wird tüchtig eingepudert. Gerathen Sie unter einen Schwarm solcher weiblichen Friseure, so hilft all Ihr Widerstand nichts. Sie müssen halten und sich pudern lassen, bis ein andrer Vorübergehender Sie mit gleichem Schaden befreit.

Wirklich karakteristisch für Livorno scheint die Fischermaske zu seyn, welche man so häufig sieht. Sie ist vielleicht eine der ältesten, denn sie erbt sich unter den Fischern fort, und wird nicht leicht von Jemand gebraucht, als von diesen Leuten. Ein kurzer, brauner, zottichter Kittel mit einer spitzigen Kapuze, und eine Angelruthe, an deren Leine Backwerke herunterhängen, sind die einzigen Erfordernisse dazu. Die Angelruthe wird von der Maske etwas vorwärts gesenkt in der Höhe getragen, so daß die Leine mit dem Gebackenen den Jungen, die einen solchen Fischer schaarenweise begleiten, gerade über dem Kopfe hängt. Sie können sich keinen unschuldigern Spaß denken, als diesen, wenn die Jungen mit dem Munde in die Höhe schnappen und den Köder zu erhaschen suchen. Würde die Leine auch nicht jedesmal emporgezogen, wenn ein Fisch sich naht, so verhindert schon in der Menge derselben einer den andern, seinen Sprung zweckmäßig zu machen. Und gelingt es einem einmal doch, so ist das Gelächter unermeßlich, wie das der Homerischen Götter. Solchen Fischen mag wohl der heilige Antonius gepredigt haben.

Eine andre, dieser verwandte Maske, welche man nicht selten in Livorno sieht, ist die eines Meergottes. Es ist meist ein großer, ganz mit Moos oder Meergras überzogener Kerl, der noch außerdem in ein weites Gewand von Fischernetzen gekleidet ist. Mit einem gewaltigen Dreizack, häufiger noch mit einer Netzruthe, läuft er durch die Straße, und ich habe manchen gesehen, der selbst den frommen Aeneas durch ein donnerndes quos ego ins Bocksborn hätte jagen können.

Von heute an wird nun jeden Tag Korso gehalten, bis der Fasching sich endet. Am Montag ist er am unbedeutendsten, weil der große Posttag die Meisten abhält, daran Theil zu nehmen. Indeß schwärmen doch genug Masken in den Straßen und Häusern herum, und auch der Kaufmann ist nicht sicher, an seinem Pulte, mitten unter den dringendsten Geschäften, von ihnen gestört zu werden. Masken besuchen einander, treiben und vervielfältigen den Spaß so viel als möglich, und manche hat Eile genug, gewisse Verhältnisse ins Reine zu bringen, welche nur die Verborgenheit geboren hat, und auch bloß sie erhalten kann.

Außer dem großen Lärm, dem gänzlichen Stillstand jeder ernsten Beschäftigung, dem glänzenden Korso, und dem lärmenden Theater zeichnet sich der letzte Karnevalstag durch die großen Nachtessen aus, welche das Ende desselben ausmachen. Man hat den Mailändern sonst vorgeworfen, sie könnten nicht fröhlich seyn, außer bei vollen Schüsseln und Gläsern, und mit gleichem Rechte könnte man dieses auch den Bewohnern Livorno's nachsagen. Wenn diese daher recht munter seyn wollen, so müssen sie

Sitzen in langen Reih'n, und voll vor Jedem die Tische
Steh'n mit Brod und Fleisch, und lieblichen Weins in den Krügen.

Sie versäumen daher selten eine Gelegenheit sich diesen Genuß zu verschaffen, und solche Mahlzeiten sind an gewissen Tagen eben so zur Gewohnheit geworden, als der Osterfladen manchen deutschen Familien. Das heutige Souper wird durch den Nachklang der Faschingsfreuden besonders munter. Alle Scherze werden nun wiederholt, alle Masken noch einmal durchgegangen, die ge=

heimen Anekdoten aufgesammelt, um sie gelegenheitlich zu verbreiten. Die während der vergangenen Tage gemachten Bekanntschaften werden jetzt gestempelt, und jede Familie ist gewiß, einen neuen Hausfreund diesen Abend bei sich zu sehen. Niemand denkt noch der traurigen Fastentage, die da kommen sollen, außer der Wirthin, die ihre Gäste zum Essen ermuntert, auf daß die zwölfte Stunde ja keinen fetten Brocken mehr finde. Eine solche Ermahnung bringt jedesmal eine Pause von einigen Minuten hervor, in denen man nur die Kauenden hört, aber sogleich wird es wieder laut, und über den neuen Scherzen ist das wohlgemeinte, allgemein gebilligte Gebot wieder vergessen.

Aber mit einem Male

> Von dem Dome
> Schwer und bang
> Tönt die Glocke,

die an Ertödtung des Fleisches, an das ernste: Alles muß zu Staub und Asche werden! erinnert.

Nicht religiöse Gedanken, aber die unangenehme Betrachtung, daß die Freude nun ein Ende habe, die vierzig traurigen Tage beginnen, bringen eine ernste Stimmung hervor, welche für den unbefangnen Zuschauer im höchsten Grade lustig ist. Sie sitzen eine Zeit lang stille da, Einer sieht den Andern endlich an, sie lachen noch einmal Alle über den gegenseitigen Ernst, und wünschen einander gute Nacht.

Man geht stille und leer zu Bette: aber das noch fortdauernde Läuten der Glocken, die Bettler, welche auf den Straßen herumrufen und den guten Christen rathen, doch ja alle noch übrigen fetten Brocken von sich zu werfen — verursachen eine so unangenehme Störung des Schlafs, daß sich der ermüdete Geist nicht einmal durch die Rückerinnerung an die vergangenen Freuden mehr erquicken kann.

Genua.

Genua, den 20. August 1802.

Nam quid ea memorem, quae nisi iis, qui videre, nemini credibilia sunt, a privatis compluribus subversos montes, maria constructa esse.
Sallust. Catil. 13.

Nähert man sich der Stadt Genua zur See, so bekommt man gewiß den vortheilhaftesten Eindruck von ihr. Wie ein ungeheures Amphitheater umringt sie mit ihren Nachbargestaden den Golf, welcher zwischen ihnen wogt. Hohe Berge schließen sie von hinten ein; eine Menge der schönsten Gärten und Landhäuser bekränzen sich mit üppigen Bäumen und Gesträuchen bis an die Uferfelsen, welche sich gegen Süden in graue schroffe Gebirgsmassen gegen Nordwest in mildere Hügelgegenden verlieren. Eine große Mauer umgibt den Hafen auf der Seeseite, und verbirgt dem Annahenden die belebten

Umgebungen deſſelben. Ein neues Amphitheater, kleiner zwar, aber abwechslungsreicher, thut ſich dem Auge auf, ſo wie man im Hafen iſt; die ſchönſten Paläſte liegen gerade vor Ihnen. Sehr volkreich ſind die Straßen, welche den Reiſenden zuerſt aufnehmen. Alle, außerordentlich enge, gießen eine Menge Menſchen auf den Hauptpunkt aus, um welchen ſich die Thätigkeit der ganzen Stadt dreht. Die Häuſer ſind gewöhnlich von vier bis fünf Stockwerken, und häufig von ſechs bis ſieben. Im Erdgeſchoſſe haben ſie faſt alle Buden, in welchen die größte Thätigkeit herrſcht. Selten findet ſich ein Sonnenſtrahl in die Straßen. Kein Wagen kann ſie befahren; nur die einzige Strada Balbi hat dieſes Vorrecht, und noch ein andres, daß die untern Stöcke der Häuſer von den Vornehmern bewohnt ſind. In der übrigen Stadt hauſen da gerade die ärmſten Leute, in den Mittelſtöcken die wohlhabenden, und die höchſten ſind von den Reichen beſetzt.

Die Bauart der Häuſer hat überhaupt viel Eigenes, beſonders Orientaliſches. Auf den Dächern der meiſten ſind Terraſſen angebracht, welche man gewöhnlich mit Blumentöpfen geziert hat. Oft ſogar wird man wunderbar überraſcht, wenn man aus den enbloſen Treppen heraus, die man erſteigen mußte, plötzlich unter ein lebendiges Traubendach tritt, und ich kenne ein ſolches, das bis in das fünfte Stockwerk in einer einzigen Rebe hinaufgetrieben iſt, welche da oben erſt in weite ſchattende Zweige ſich verbreitet. In dieſer Höhe befindet ſich auch gewöhnlich das Waſſermagazin des Hauſes. Das Waſſer wird durch die natürliche Lage der Stadt zwischen den Bergen so hoch hinaufgebracht, und vertheilt sich auf des Hauses Spitze erst in die einzelnen Zweige, wodurch die Küchen der verschiedenen Bewohner versehen werden. Alle haben in derselben einen Hahn, den sie nur zu öffnen brauchen, um frisches Wasser zu haben. Jeden Morgen werden diese Magazine rein ausgeleert, um wieder gefüllt zu werden, und es ist für den Fremden etwas ganz Unerwartetes, um diese Zeit das lebhafte Rollen des Wassers zu hören, das sich jetzt in die allgemeinen unterirdischen Kanäle ausgießt.

In den Wohnungen selbst wird man durch einen eigenen Prachtgeschmack in Verzierungen und Hausgeräthe überrascht. Ganz gewöhnlich sind Vergoldungen. Mit Verschwendung sieht man die schönsten Marmors angebracht. Kostbare und kunstreiche Stuckarbeit, Spiegel, seidene Tapeten und der äußerst schöne Estrich des Bodens sind fast allgemeine Vorzüge. In bemittelteren Häusern sind die Plafonds meistens gemalt, und es gibt überhaupt selten eine wohlhabende Familie, welche nicht einige vorzügliche Gemälde, besonders von niederländischen Meistern, aufzuweisen hätte.

Gleicher Reichthum ist in den öffentlichen Gebäuden und Anstalten sichtbar. Die ungeheuren Wasserleitungen, und ihre so sehr vereinzelte Vertheilung, sind Werke, welche der Römer in ihren schönsten Zeiten würdig wären. So sind es auch die unterirdischen Kanäle, in welche sich aller Unrath der Stadt verliert. Sie wurden mit einer Festigkeit und mit einer so klug berechneten Zweckmäßigkeit erbaut, daß man bis jetzt nie nöthig fand, sie zu reinigen. So ist in der ungeheuren kühnen Brücke von Carignano, die zween Berge in einer Höhe verbindet, worunter Häuser von acht Stockwerken stehen, so in den übrigen öffentlichen Gebäuden, den Werken am Hafen, den Befestigungen u. s. w. eine Kraft und ein Reichthum thätig gewesen, welcher nur schwach noch durch den in den Wohnungen herrschenden Prachtgeschmack beurkundet wird.

Alles das ist aber auch freilich zu einer Zeit geschehen, als die einzige Stadt einer der mächtigsten Staaten unsrer Halbkugel war, und ihre gefürchteten Flotten alle Meere beherrschten. Da Genua allein übrig geblieben war von den Nebenbuhlerinnen Venedigs; als es seine Eroberungen vom schwarzen Meer bis ins jonische ausdehnte, seine siegreichen Fahnen in Spanien und Afrika unersättlich um sich griffen, Kaiser Manuel von Konstantinopel selbst ihnen zinsbar war*), seine Schiffe Franzosen und Engländer schützten, und einer seiner Bürger den schönen lukkesischen Staat kaufen konnte**); — damals freilich hätte der Freistaat von Genua mehr noch vermocht, als wir sehen.

Diese Glanzperiode erlosch, als Genua dem mächtigern Venedig im vierzehnten Jahrhundert unterlag. Darum ist es aber nie verarmt. Sein immer fortdauernder, beinahe ausschlie-

---
*) Vom Jahr 1155 an.
**) Gherardo Spinola kaufte ihn für die Summe von 74,000 Goldgulden.

ßender Handel mit Spanien und Portugal, seine erworbenen Kapitalien und Kostbarkeiten erhielten einen Wohlstand, welcher immer noch selten und beneidenswerth ist. Jahrhunderte waren die Kassen der genuesischen Patrizier allen geldbedürftigen Regierungen offen. Die einzige Familie Cambiaso baute die fünfzehn Meilen lange Straße durch die Bocchetta, und die eben so kostbare nach Voltri auf ihre eigenen Kosten. Andre zeigten ihre Vaterlandsliebe und ihren Reichthum in der Unterhaltung kostbarer Hospitäler, andre durch die würdige Bekleidung der Gesandtschaftsposten der Republik, zu welchen diese nur geringe Vorschüsse gab. Als aber die französische Revolution hereinbrach, begann das Unglück des Staats gleich mit den ungeheuren Verlusten auswärtiger Kapitale, wodurch einzelne seiner Bürger betroffen wurden. Gegen hundert Millionen waren auf diese Weise schon verloren, ehe die Republik von der gewaltigen Kriegeswoge selbst ergriffen wurde, die sich später über sie herwälzte. Der Regierung ward so bange für ihre Bürger, daß sie durch strenge Gesetze den Aufwand in Sänften und Bedienten einschränkte, worin sich der Patrizierstolz sonst innerhalb der Stadt noch allein ausgelassen hatte.

Schneller würden indeß doch jene alten Reichthümer zerronnen seyn, wenn nicht die Lage der Stadt selbst schon manche Arten von Verschwendung verboten hätte, wodurch sich der Adel andrer italienischer Staaten zu Grunde gerichtet hat. Pferde und Equipagenluxus ist etwas, was man in Genua beinahe so wenig kennt, als in Venedig.

Wie die sonderbare Insellage der letztern Stadt den Genüssen und Freuden eine eigene Richtung gab, so bekamen sie sie in dem rings von Gebirgen und der See umschlossenen Genua gleichfalls. Man kann darum mit einiger Einschränkung auf sie anwenden, was Macchiavelli von den deutschen Städten sagt: „die Einwohner derselben sind reich, weil sie wie Arme leben".

In der Lebensart der genuesischen Patrizier war wirklich von jeher jenes sonderbare Gemisch von Ostentation und Sparsamkeit ersichtlich, welches die italienische Nation überhaupt, unter den Ständen aller aber den Kaufmann karakterisirt. Wenigstens dürfen wir es blos den Umständen zuschreiben, daß der Staat von Genua sich durch merkantilische Thätigkeit und Enthaltsamkeit in die Höhe geschwungen hat, wenn wir in den prächtigen Palästen seiner Patrizier, mitten unter ihren herrlichen Kunstwerken, auf ihren reich vergoldeten Stühlen, eine lange Abendgesellschaft hindurch vergebens nach einer Erfrischung schmachten, und in unserm Durste den Vorwurf der Florentiner gerecht finden, daß der Genueser der größte Knauser unter der Sonne sey. Denn die Erinnerungen der alten Größe, welche sie so gern fühlbar machen, haben, wie bei den Spaniern und andern Nationen, deren schöne Zeiten vorüber sind, nichts anders zur Rechtfertigung übrig behalten, als eine starke Neigung zu einer unfruchtbaren und unbequemen Pracht, die sie selten in etwas Anderm, als in dem darstellen, was nur das Auge genießen kann, das seinen

Werth nicht leicht verliert, und wenigstens durch den Genuß nicht vermindert wird.

In manchen andern Dingen äußert sich dieser Karakterzug der Genueser. Jedes Denkmal von Wohlthätigkeit oder Freigebigkeit gegen den Staat trägt das Bild und den Namen des Gebers an sich. Man hat ihnen das verschiedentlich vorgeworfen; aber ich finde es in aristokratischen Freistaaten, wie Genua noch vor Kurzem gewesen ist, nicht so übel. Was irgend Gutes und Großes im Staate geschehen ist, das haben einzelne Familien gethan. Der berühmte Name erbt sich fort, und oft mag er dem bessern Urenkel eine Last werden. Er spornt ihn zu Thaten, die er in der Beschränkung einer auf ihre alten Formen eifersüchtigen Republik nicht ausführen kann, wenn sich ihm nicht in den auswärtigen Verhältnissen derselben die seltene Bahn eröffnet. Kann er nun weder als Politiker, noch als Krieger seine Würdigkeit erweisen, was bleibt ihm übrig, als Verdienste um die Verschönerung der Stadt, um nützliche Anstalten u. dergl.? Hat er diese sich erworben, so ist er seines Namens werth; er ist aber auch verpflichtet, seine Ehre auf eine öffentliche Art zu seines Hauses Ruhm zu schlagen, damit jeder künftige Zweig desselben gleichen Antrieb zu gleichen Verdiensten haben möge. Ruhm ist ja doch das Einzige, wodurch der aristokratische Staat den Aristokraten belohnen kann — denn auch Aemter und Ehrenstellen geben ihm nichts weiter, sobald er ein ehrlicher Mann ist.

Damit mag auch die große Wohlthätigkeit des genuesischen Adels in Verbindung stehn. Es gibt unter demselben viele Familien, welche schon seit langen Jahren an bestimmten Tagen der Woche viele Portionen Suppe, Brods u. dergl. austheilen lassen. Bei manchen ist es schon lange eingeführt, daß die jährlichen Einkünfte in drei gleiche Theile abgeschieden werden, wovon der erste für die Bedürfnisse des Jahrs, der zweite für die Zukunft, der dritte für die Armen bestimmt ist. Von der Art ist das Haus Pallavicini, welches jedes Jahr gegen 100,000 Lire unter die Armen fließen läßt, ohne daß man viel davon hört. Und darin ist diese Familie nur gar nicht einzig. Sie hat mehrere Nebenbuhler in ihrer Wohlthätigkeit, und noch viel mehrere, die man nicht kennt. Denn hierin verläugnet sich die Ostentation des Volks auf das rühmlichste, wie folgender Zug beweisen mag, den ich aus guter Hand habe. Ein Armer kam zu einem Patrizier, und bat ihn um eine Unterstützung. Er ward mit dem Bedeuten entlassen, in acht Tagen wieder zu kommen. Der Arme erscheint um die bestimmte Zeit, wird aber zu seinem größten Erstaunen heftig angefahren, daß er betteln gehe, da er doch 6000 Lire in der Bank liegen habe. Der Arme betheuert bei allen Heiligen daß er nichts besitze, erkundigt sich endlich aber doch in der Bank, und findet wahr, was sein unbekannt bleiben wollender Wohlthäter gesagt hatte.

Diese Wohlthätigkeit ist natürlich nicht immer gut angewendet, und erzeugt oft gerade die schlimmen Folgen, welche sie verhüten will. Aber die neuesten Zeiten haben sie doch manchmal gerechtfertigt, wo, beim Stillstehen aller Gewerbe, selbst der ehrwürdigste Theil der Nation ohne sie seinem Elend erlegen wäre.

Eben so gegründet in ihrer Staatsverfassung mag ein andrer Zug im Karakter der genuesischen Patrizier seyn, den man ihnen so gerne vorwirft. Man klagt über ihren Stolz, und über Mangel an Zuvorkommen gegen den Fremden. Ich erkläre das so gut, als bei den Engländern, aus dem Stolz auf ihr Vaterland, welches sie über jedes andere Land erhaben denken. „Jeder Patriot," sagt Rousseau im Emil, „ist hart gegen die Fremden: sie sind in seinen Augen nur Menschen, nichts weiter;" und nur in diesem Umstande dürfen wir uns ja auch den übermüthigen Stolz der Griechen und Römer gegründet denken, bei welchen nur der cives romanus und der Nichtbarbare Menschen waren. Mögen wir es unserm unseligen Mangel an Vaterlandsstolz zuschreiben, wenn der Deutsche den fremden Mann, wie die fremde Sitte und Thorheit, so willig bei sich aufnimmt. Hätten wir jenen Stolz, o wir wären nie dahin gekommen, wo wir ihn nicht mehr haben dürfen!

Die Revolution hat bis jetzt nur äußerst wenig im Geiste und in der Lebensart der Venueser verändert. Noch immer theilt sich die ganze Stadt in Adel und Klienten. Jeder hatte es ehmals nöthig, sich an irgend einen Patrizier anzuschließen, damit dieser seine Stelle in dem Senat für ihn vertrat, und in allen Fällen ihm das Wort redete. Der Klient wurde von seinem Gönner mit Geld und Vorsprache unterstützt, und leistete diesem dafür wieder andere Dienste, wodurch sich beide gleich unentbehrlich wurden. In stürmischen Zeiten der alten Republik war dies eine Politik, deren jeder Adeliche benöthigt war, und wovon oft sein ganzer Einfluß im Staate abhing. Wo er daher ging und stand, war er von einer Schaar solcher Leute umgeben, welche größer oder kleiner war, je nach dem Verhältniß seines Ansehens, seines Reichthums und besonders seiner Freigebigkeit. Durch diesen Umstand wurde die Scheidewand zwischen Adel und Bürger immer tiefer, die Gränzen zwischen beiden immer schärfer. Die gesellschaftlichen Verhältnisse konnten natürlich nicht gedeihen, da der Abstand zwischen den verschiedenen Ständen zu groß war, und die Wirkung der einzigen bestehenden Gleichheit unter dem Adel durch Eifersucht und Intriguen verhindert wurde. Und dieser Mangel ist gewiß noch jetzt fühlbar, und wird sich nur nach und nach aufheben, so wie der zweite Stand mehr in die Höhe kommt, wozu er gegenwärtig auf gutem Wege ist, und wie der französische Gesellschaftston mehr um sich greift, zu dessen Verbreitung schon seit mehreren Jahren besonders das Haus des französischen Gesandten Salicetti wirksam war.

Im Handel und Verkehr überhaupt sind die Genueser sehr verschrien. Einer der letztern gestand das selbst ein, als er sich einmal zu Mailand mit einem Piemonteser zankte, und diesem in der Hitze sagte: „Solcher Spitzbuben, wie du einer bist, gibt es ja nicht einmal in Genua." Wirklich zeichnen sie sich durch Feinheit und List sehr aus, und da folgt der Betrug gerne mit. Auffallend ist die Anzahl von Verbrechern, welche die Regierung seit mehreren Jahren mit unerbittlicher Strenge bestraft; die aber ihre Zahl und Kühnheit nur immer noch zu vermehren scheint. Nichts ist häufiger in der Stadt selbst, als Einbrüche und Taschenbiebereien; und die letztern sind um so gefährlicher, da man, im Fall man den Dieb selbst auf der That ertappt, schweigen muß, wenn man sich seinem Dolche nicht aussetzen will. Keine von allen Straßen, welche nach der Stadt führen, ist sicher; selbst auf der See werden Fahrzeuge von Räubern angegriffen, die von der Riviera di Levante herabkommen. Einer meiner Freunde hatte das Unglück, auf diese Weise Alles zu verlieren. Er fuhr auf einer Feluke von mittlerer Größe von Genua nach Livorno. Nur einige Meilen von der Stadt wird sie von einer Barke angehalten, welche mit Bewaffneten angefüllt ist. Diese hatten sich alle die Gesichter schwarz beschmiert, sprachen einen, den übrigen Genuesern unverständlichen Jargon unter sich, und nahmen mit fort, was ihnen von der Ladung anständig war, und ihr Fahrzeug nur immer fassen konnte. Dergleichen Vorfälle sind nichts weniger als selten. Beraubungen auf den Straßen fallen noch häufiger vor; die Regierung straft mit aller Strenge, aber die Bösewichter haben sich zu einer Stärke vereinigt, welche selbst mehrere Male den Linientruppen mit Glück die Spitze geboten hat. Dieses alles ist aber begreiflich, wenn man das Elend und die Armuth kennt, welche in den Gebirgen herrschen. Durch die Veränderung der Dinge überhaupt, die Belagerung

Genua's unter Massena, die verschiedenen Blokaden des Hafens sind viele Menschen broblos geworden. Das Land hat so wenig eigene Hülfsmittel, daß ihnen vor dem Hungertode nichts übrig blieb, als der Angriff auf fremdes Eigenthum.

Gränzenlos war das Elend, und unbeschreiblich in dem Jahr, da Genua die schreckliche Belagerung unter Massena aushalten mußte. Noch sind die Berichte davon in Jedermanns Gedächtniß. Die Zahl der Verstorbenen im Jahre derselben, 1800, betrug 12 492 Menschen, da sie in dem folgenden von 1801 nur 3977, und 1802 3902 war. In diesen drei Jahren schwankte die Zahl der Gebornen immer zwischen 3 und 4000*). Sonst ist die Bevölkerung der Stadt gewöhnlich im Steigen, und die auf dem Lande, wenn nicht im Stillstand, eher im Abnehmen. Die Luft ist gesund; die Thätigkeit in Zeiten des Friedens sehr groß; die Lebensmittel sind in nicht zu hohem Preise, und man darf immer, wenn Europa's Ruhe einmal befestigt seyn wird, schönere Tage für Genua hoffen. Besonders muß sich seine Marine unter der französischen Herrschaft nothwendig vermehren, da durch dieselbe ihr bis jetzt einziges Hinderniß, der ewige Krieg mit den Barbaresken, gehoben ist.

Sehr auffallend für den Fremden ist die große Stille, welche in der so belebten, so volkreichen

---

*) Im Jahr 1800 wurden geboren 3022 Seelen, 1801 3063, und 1802 3502. Eben wurden geschlossen: im ersten Jahre 496, im zweiten 752, im dritten 692.

Stadt herrscht. Die Genueser sprechen gewöhnlich sehr leise zusammen, und auf dem größten Platz ist kein Lärmen, wie in der kleinsten Straße von Livorno. Nur läßt sich hie und da ein Esel so durchdringend vernehmen, daß man lieber das Rasseln eines Wagens hören möchte, als die Stimme des Thiers, welches den Genuesern alle ihre Bedürfnisse zuführt.

Denken Sie sich keine besondere Beziehung, wenn ich von dem Schreien der Esel auf die Sprache der Genueser übergehe. Sie unterscheidet sich von jedem andern Dialekte himmelweit. Nicht nur die Aussprache ist ganz verschieden, sondern sie hat auch eine Menge fremder, besonders französischer Worte. Wie schwer sie für den Fremden zu verstehen sey, ist schon daraus ersichtlich, daß nicht jeder Genueser selbst den andern mit Leichtigkeit versteht. In den verschiedenen Quartieren der Stadt herrschen auch vier verschiedene Mundarten, welche mehr oder weniger von dem reinen Zeineize — wie sie ihren Dialekt selbst nennen — abweichen. Die Büchersprache desselben, worin mehrere vorzügliche Dichter geschrieben haben, ist die, welche die Gebildeten sprechen, und die dem Fremden selten gestattet, an der Unterhaltung Theil zu nehmen, wenn man nicht die Gefälligkeit für ihn hat, französisch zu sprechen, was sie meist alle verstehen.

Indeß erhält das Zeineize im Munde der genuesischen Damen, trotz ihrer männlichen Stimmen, eine eigene Schönheit, woran freilich der alte Satz seinen Theil haben mag, daß aus schönen Lippen, wie der Italiener manchmal sagt, selbst die deutsche Sprache wohl klinge. Durchgängig sind die Genueserinnen schöner als ihre Männer, im Allgemeinen sehr schlank gewachsen, in guten Verhältnissen gebaut, und mit Fülle gerundet. Franceschini hat sie herrlich aufgefaßt, und was er auch darstelle, Göttinnen des Himmels oder der Erde, so sind es immer seine schönen Landsmänninnen. Ihr Busen ist reich, aber nicht überflüssig begabt; ihr Gesicht ein reines Oval; die Augen groß und rund geöffnet, von brennend schwarzer Farbe, und kühner Herausforderung. Die Nase ist länglicht und rein geformt, der Mund klein und rund und der Nase nahe; die Gesichtsfarbe blühend, und die Zähne blendend weiß. Ihre Bewegungen sind anmuthig, und bei ihrer geschmackvollen Kleidung tausend Abwechslungen reizender Draperien begünstigend. Nichts geht über die Kunst, womit sie ihr Pezzoletto — so nennen sie eine Art von Schleier, der auf beiden Seiten des Gesichts herunterfällt, und von weißem Stoffe ist — umzuwerfen verstehn. Dadurch und durch die koische Durchsichtigkeit desselben sind sie die ersten unter den Italienerinnen. Ihr Haarputz ist in griechischem Geschmack, und scheint dem Wechsel der Mode weniger unterworfen zu seyn, als an andern Orten. Ihre ganze Kleidung ist äußerst reinlich, und als ich sie oft gesehen und gehört hatte, wunderte ich mich nicht mehr über das, was man mir sagte, und in geringerem Grade wohl überall wahr seyn mag, daß das Glück der meisten Männer in Genua an die Launen dieser Schönheiten befestigt sey. Ich fand es ganz vernünftig, daß für sie eben so gut, als für die Geistlichen, der Porto franco, in welchem alle Geschäfte gemacht werden, durch die Gesetze verschlossen ist.

Dieses hindert indessen nicht, daß die Weiber nicht einen großen Theil an der Gewerbsthätigkeit nehmen. Fleißig darf ich sie nennen, in Vergleichung mit ihren übrigen italienischen Landsmänninnen. In allen Buden und Kaffees sieht man sie stehen, und, beinahe ausschließlich, das Geld einnehmen. Indessen haben sie doch alle ihren Cicisbeo, welcher in der Sprache des Landes il Patito heißt. Diese Sitte hat sich in Genua fester erhalten, als in den übrigen Städten Italiens; was wahrscheinlich in der Thätigkeit der Männer gegründet ist, welche, wenn sie reich sind, sich nicht, wie der übrige Adel, dem Müßiggang überlassen, und daher nicht immer Zeit genug haben, ihre Frauen zu unterhalten. Noch ziemlich häufig geschieht es, daß dieses Ehesupplement im Heirathvertrage von der Frau bedungen wird, ob es gleich selten geworden ist, daß man die Person selbst dabei bestimmt. Die edeln Genueserinnen ahmen hierin ihren übrigen Landsmänninnen nach, und finden es weit angenehmer, die Gesellschaft des Unzertrennlichen von Zeit zu Zeit zu wechseln.

Im Winter besuchen sie alle Abende das Theater. Der Eingang zu demselben ist der allerelendeste, welchen man sich denken kann. Man steigt mehrere Stufen hinab, ehe man in dasselbe gelangt. Es ist klein, in schlechten Verhältnissen gebaut, und, wie die genuesischen Häuser, beinahe alle, mit einem freskogemalten Plafond geziert. Die Musik ist gewöhnlich erbärmlich, wenn sie nicht hie und da durch einige fremde Virtuosen belebt wird. Dafür ist der Geschmack des Publikums mehr für Lustspiele und Späße aus dem Stegreif gestimmt, welche dann freilich mit aller möglichen Freiheit gegeben werden, die der lurere Begriff des Anständigen bei dem Italiener nur immer gestatten kann.

An Kunstwerken aller Art ist Genua sehr reich, besonders aber an Gemälden der niederländischen Meister, von denen sich mehrere der berühmtesten Jahre lang in dieser Stadt niedergelassen hatten. Wie sollt' ich enden, wenn ich da anfinge? Aber so ganz kann ich mich nicht trennen von der stolzen Stadt, ohne wenigstens ein paar Worte über die Kirche von St. Ambrozio gesagt zu haben.

An Gemälden ist sie eine der reichsten in Genua. Von Rubens allein befinden sich drei Stücke in derselben, ein Kindermord, eine Teufelsaustreibung durch den heiligen Ignatius und eine Beschneidung Christi. Alle drei sind sehr schön für Rubens. Besonders befinden sich im zweiten gar liebliche Kinder. In einem derselben hat der Künstler einen feinen psychologischen Zug aufgefaßt. Eins der Kinder steckt voll Verwunderung die Hand in den Mund, um anzudeuten: hier muß der Böse herausfahren. Außerdem ist hier eine Befreiung Petri von Vandyk, zwar sehr verdorben, aber immer noch die Meisterhand verrathend. Der schlafende Soldat ist eines der scheußlichsten Gesichter, die der Künstler nur immer in dieser, an dergleichen Physiognomien so reichen Stadt auftreiben konnte. Der Kopf des Petrus war mir beson=

bers merkwürdig wegen einer andern Darstellung desselben in einem benachbarten Bilde. Dies ist eine Himmelfahrt der Maria von Guido, und nicht von Guercino, wie Volkmann hat. Die Figuren sind unübertrefflich um das Grab her gruppirt; jeder sieht den andern verwundert an, oder fragt ihn; nur der fromme Petrus ist voll heiligen Staunens auf die Kniee gesunken, und schaut andachtsvoll in den Himmel. Im herrlichsten Gegensatze mit den bewegten Gemüthern der Jünger steht die Miene der Verklärten, welche voll Hingebung und Ruhe, in das Gewand der Unschuld gehüllt, schon die Nähe dessen zu fühlen scheint, der sie zur Gebenedeiten unter den Frauen gemacht hat. Die Geister der Glorie sind mit der diesem Künstler eigenen Grazie gemalt. Die Gewänder sind ganz vortrefflich groß und mit Anmuth geworfen, und das Kolorit so warm, daß man bei der sonstigen Kälte seiner Farben anstehen sollte, das Gemälde für einen Guido zu halten. Seine Manier, erst breit anzulegen, und dann mit einem kleinen Pinsel wie eine Zeichnung vollends auszuarbeiten, ist auch in diesem Gemälde ein Hauptzeichen des Meisters. Vor diesem Bilde wurde mir erst der große Unterschied zwischen einem Rubens und Guido auffallend, da ich den erstern, der diesem gegenüber hängt, nicht mehr ansehen mochte. Aber desto schöner zeigt sich die Verwandtschaft des bessern in den beiden Petrusköpfen von Vandyk und Guido. Keiner malte den nämlichen Petrus, aber Beide so, wie dieser Fels seyn muß. Allein man betrachte die Maria in Rubens' Beschneidung, und die in

Guido's Verklärung, und man wird erkennen, wie hoch sich der letztere seinem Ideal näherte, und wie gemein der erste an der gemeinen Natur seiner Flamänderinnen klebte.

Die Festlichkeiten des Johannistages zu Florenz.

Florenz, den 29. August 1803.

Der Tod des Königs hatte die gewöhnlichen Festlichkeiten des Johannistags verboten, welche sonst den 24. Juni gehalten zu werden pflegten. Ungern läßt sich das Volk die Feier seines Schutzheiligen nehmen. Sie wurde daher, um es zu trösten, bis in den August hinausgeschoben. Der 25. dieses Monats sollte die Feste nachholen. Durch die Huldigung, welche der fünfthalbjährige Nachfolger Ludwigs I. von Toskana, an der Seite seiner Mutter, von dem florentinischen Senat erhalten mußte, bekam das Ganze eine Neuheit und Eigenheit, welche die Erwartung auf ein, doch jegliches Jahr wiederholtes Fest in hohem Grade spannte.

Der Abend des 25. August lud die Florentiner nach dem Wagenrennen auf dem Platze von Santa Maria Novella ein.

Dieser Platz, obwohl nicht von ganz regelmäßiger Form, eignet sich doch ziemlich gut für diese Feier. Er ist einer der größten in Florenz, ganz eben, und ringsum von ansehnlichen Gebäuden umgeben. An den beiden Enden desselben stehen zwei moderne Obelisken, welche die Punkte ausmachen, an denen sich die Kunst der Wagenlenker beim Umdrehen beweisen muß. Oben ist die Kirche von Santa Maria Novella, deren Architektur sehr gerühmt wird; ihr gegenüber stehen Säulengänge. Mehrere Straßen führen von allen Seiten nach dem Platze hin.

Rings um denselben werden in einer beinahe ovalförmigen Kreisung amphitheatralische Sitze von Holz erbaut. Einmal mit Menschen angefüllt, gewähren sie wirklich einen großen Anblick. Gegenüber von der Kirche ist ein großer, prächtig geschmückter Balkon für die Königin errichtet, welche diesmal aber nicht bei dem Fest erschienen ist. An den Obelisken stehen die Wagenlenker in lächerlich scheinendem antiken Aufzug. Rings um den Platz herum sind Linien von Soldaten gestellt. Auf demselben kreisen die Kutschen der Florentiner, und man ist wohl schon eine Stunde versammelt, ehe man nur die geringste Anstalt zum Anfang der Feier macht.

Während dieser Zeit unterhält man sich angenehm genug durch den wirklich großen Hinblick auf die versammelte Menschenmenge. Der ganze Platz ist mit Reitenden, Fahrenden, Gehenden angefüllt. Um dieselben schließen die amphitheatralischen Sitze einen Menschenkreis, und hinter diesen erheben sich die Häuser, welche, mit vielfarbigen Tapeten behängt, unter der Menschenlast zu erliegen scheinen. Alle Fenster und Balkons sind besetzt; auf den Dächern selbst hat man die gefährlichsten Standpunkte genommen. Es ist kein Plätzchen, das nicht vom Verwegensten benutzt wäre.

Kurz vor Anbruch der Nacht wird den Soldaten endlich das Zeichen gegeben. In verschiedenen Linien breiten sie sich über den Platz aus, um ihn von Menschen zu leeren. Auffallend ist hier die Schonung, mit welcher das gemeine Volk in Italien überall behandelt wird. Kein Bajonnet, kein Säbel wird gegen den Widerspenstigen gebraucht. Lange dauert die Bemühung der Soldaten, bis der freie Raum gewonnen ist.

Endlich ist der Platz gereinigt. Jeder hat seinen Standpunkt. Die Soldaten schließen ihre Reihen wieder um den Platz, und die Rennwagen werden gebracht.

Cosmus, ein großer Freund und Kenner des Alterthums, errichtete diese Spiele im Jahr 1540. Die Form der Rennwagen ist bis jetzt die nämliche geblieben. Wenn man sie aber als Maßstab der damaligen archäologischen Kenntnisse ansehen wollte, so würde man von diesen eben keine sehr große Vorstellung bekommen. Sie sind für ihren Zweck untauglich, viel zu lang, und vierrädrig. Außerdem haben sie einen Bock, wie unsre heutigen Kutschen, und der Wagenlenker kann die schöne stehende Stellung im Wagen selbst, welcher leer bleibt, nicht annehmen. Uebrigens ist er reichlich mit seidenen Stoffen geschmückt, und mit zwei Pferden bespannt.

Es waren vier Wagen, welche in den Kampfplatz traten. Sie gehören der Stadt Florenz, und kommen jedes Jahr wieder zum Vorschein. Die Pferde waren über und über mit vielfarbigen Bändern behangen, aber größtentheils häßlich: Sie wurden einmal langsam um den Kreis geführt, den sie zu machen hatten. Man sah nicht, daß sie sehr ungeduldig waren.

Oben beim Obelisk, der vor der Kirche steht, wurden die vier Wagen in einer Linie neben einander gestellt. Es ließ sich schon voraussehen, wer den Preis gewinnen würde. Es war derjenige, welcher mit den schönsten Pferden bekannt war, und zunächst am Obelisk stand. Dieser hatte natürlich einen weit kleinern Kreis zu durchlaufen, weil er von einem Obelisk zum andern eine gerade, weit kürzere Linie zu machen hatte, und es kam nur darauf an, gut umzukehren. Wirklich bewies dies auch der Erfolg. Selten hatte er vor den andern einen Vorsprung, aber er gewann ihn doch jedesmal wieder stark genug beim Drehen um die Obelisken, wo er einen weit engern Kreis zu beschreiben hatte.

Dreimal drehten sie sich um die Obelisken. Als sie zum dritten Mal auf der Stelle ankamen, von welcher sie ausgefahren waren, wurde Halt geboten.

Der Preis für den Sieger ist zehn Zechinen. Allein die Pferde gehören alle dem Postmeister, welcher dafür den ihm immer gewissen Preis in die Tasche steckt. Derjenige der Postillons, welcher ihn davongetragen hatte, erhielt einen Zechin von ihm.

In ältern Zeiten wurde dieses Fest mit vielem Ernst gefeiert. Die edelsten Bürger des Staats nahmen daran Antheil, und nicht selten sah man dabei die kühnsten Aeußerungen des Parteigeistes. Die Medici hatten hier immer ihren Wagen. Andre der vornehmsten Geschlechter gleichfalls,

Alle unterschieden sich durch die Farben der Häuser, denen sie zugehörten, von einander. Im Beifall, den das Volk über den Sieg äußerte, erkannte man leicht die Stimmung desselben, und der Haß gegen die Medici äußerte sich bei manchen Gelegenheiten sehr laut durch den Beifall, mit welchem die Siege der Pazzi, oder Strozzi, oder anderer mit ihnen weiteifernder Geschlechter aufgenommen wurden.

Heutzutage aber hat sich dieser Geist der Partei gänzlich verloren. Das höhere Interesse, welches das Spiel sonst hatte, ist verschwunden. Man erkennt es auch schon daran, daß das Amphitheater nicht auf öffentliche Kosten, sondern von Privatunternehmern errichtet wird, welche sich für jeden Platz einen Paul oder eine Lira bezahlen lassen.

Es war schon Abend geworden, als sich das Spiel endete. Wie ein großer Sandhaufen zerrann die Menschenmenge. Alles strömte nach dem Platz des Großherzogs und in die benachbarten Häuser, um das Feuerwerk zu sehen, welches gleich nach Anbruch der Nacht vom Palazzo Vecchio losgebrannt werden sollte.

Die Zimmer desselben waren schon matt erleuchtet, und die Fenster der benachbarten Häuser mit Menschen angefüllt. Auf dem kleinern Platz hatte sich die ganze Volksmenge der vorigen Spiele zusammengedrängt. Es war ein sehr merkwürdiger Anblick, in wie verschiedenen Attitüden das Volk sich zeigte. Die Jungen besonders, welche den Anfang des Feuerwerks gar nicht erwarten konnten, drückten ihre Ungeduld in den lächerlichsten Sprüngen aus. Ein großes, von leichtem

Holz entzündetes Feuer gab ihnen vorerst einige Beschäftigung. Es wäre die glücklichste Nachtscene für einen niederländischen Maler gewesen, die tausend Bemühungen und Stellungen und Sprünge um das Feuer herum mit starkem Licht und Schatten darzustellen. Das Feuer war gerade von den beiden kolossalen Statuen des Herkules und David angezündet, welche am Eingang des Palazzo Vecchio stehen. Beide hatten gleichgefällig verwegene Jungen zu sich heraufgenommen, die nicht nur mit dem Löwen, sondern mit Herkules' Bart selber spielten. Der kühnste hatte wohl gar das Haupt des Löwenbezwingers erstiegen. Die Statuen warfen einen ungeheuren Schatten an die Mauer des Palasts, welcher sich unter den wechselnden Flammen, und den Bewegungen der an ihnen aufkletternden Jungen zu beleben schien.

Das Feuerwerk begann. Allein man braucht gar nichts Vorzügliches von der Art gesehen zu haben, um dieses höchst erbärmlich zu finden. Schon seit Jahrhunderten wird die nämliche Summe dazu angewendet, und das Ganze, was in einem Augenblick angezündet nicht von Bedeutung wäre, wird hübsch spärlich Stück vor Stück abgebrannt, damit das Volk sich mindestens eine Stunde an dem Anblick weiden könne. Indeß ist es doch auffallend, wie viel Vergnügen alle an dem winzigen, jedes Jahr wiederholten Spiele finden. Mit dem Feuerwerk schloß sich die Feier des Tags, indem die Königin noch keine Tanzfeste gestattet hatte.

Desto gespannter war aber die Erwartung auf den folgenden Tag. Früher als gewöhnlich war die lebhafteste Bewegung in den Straßen. Schneider, Schuster, Friseure rannten eiligst umher, um jedem seinen neuen Anzug zu bringen. Dieser Tag ist einer der sogenannten drei- oder vierjährlichen Gallatage in Florenz. Man müßte sehr schlimm stehen, wenn man heute nicht irgend ein neues Kleidungsstück auf dem Leibe hätte. Leute, die gestern kümmerlich in den Kaffees herumgeschlichen sind, sieht man heute erstaunt in gesticktem Rocke, mit dem Degen an der Seite. Miethkutschen waren am Morgen schon um keinen Preis mehr zu haben; denn Alles, was von gutem Ton war, bewegte sich heute nur zu Wagen. In den größtentheils engen Straßen war der Lärm wegen des Geschreis der Kutscher unerträglich, welche die Wandelnden laut warnten, aus dem Wege zu gehen. Dabei war es aber ein erfreulicher Anblick, die Behutsamkeit zu sehen, womit die Wagenlenker der vornehmsten Personen jedes Unglück zu verhüten suchten, das bei der heutigen lebhaften Bewegung in allen Straßen zu fürchten war. Wer Paris gesehen hatte, fand einen mächtigen Unterschied zwischen der Humanität der französischen und italienischen Kutscher. Die Feier des Tages begann in dem Palazzo Vecchio, einem durch Alter und erhabne ernste Bauart gleich merkwürdigen Gebäude. Man hatte es heute noch mit zahllosem Flickwerk seidener Lappen aller Art herausgeputzt. Die Vergleichung desselben mit einem alten ehrwürdigen Mann, der sich noch einmal mit fadem Jugendschmuck behängt, schien nicht unpassend. Vor demselben waren starke Wachen aufgezogen, welche das Eindringen der Volksmenge verhinderten. Man mußte comme il faut gekleidet seyn, oder warb zurückgewiesen.

In dem großen Saale sollte die feierliche Huldigung vorgenommen werden. Für die Menschenmenge, welche hier Platz finden sollte, gab es wohl kein tauglicheres Lokal. Seine Länge von 90 und seine Breite von 37 Ellen, nebst einer verhältnißmäßigen Höhe ohne Säulenstütze, gibt ihm ein Ansehen von Erhabenheit. Die vielen Wand- und Plafondmalereien von Vasari und eine Reihe von Statuen aus der florentinischen Bilderschule machen dem Kunstfreund den Besuch dieses Orts wichtig. Heute gewann er aber durch die große in demselben versammelte Menschenmenge, und durch unzählige Erinnerungen an die schönen Zeiten des florentinischen Alterthums ein Interesse, an welchem die politischen Betrachtungen über Toskana's gegenwärtige Lage wohl den geringsten Antheil hatten. Der Senat von Florenz, der aus etwa fünfzig Gliedern besteht, war hier in dem alten Kostüm der Zeiten des florentinischen Freistaats versammelt. Purpurrothe seidene, vorne zugeknöpfte Röcke mit goldenen Knöpfen, ein Mantel von gleichem Stoff und gleicher Farbe, Degen und altmodische Allongeperücken sind die Uniform der Senatoren. Herolde, ungefähr auf gleiche Weise gekleidet, mit großen silbernen Stäben, gehörten zum Schmuck dieses anachronistischen Bildes. Ein glänzender Thron war errichtet, auf welchem ein größerer und ein kleinerer Sessel neben einander standen. Der letztere zur Rechten war für den jungen fünfthalbjährigen König bestimmt.

Allgemein gespannt war die Erwartung auf
diesen. Die Damen hatten die letzten Abende in
allen Konversationen die Uniform, in welcher
das Kind erscheinen sollte, abgehandelt. Es war
viel von dem dreieckigen Hut gesprochen wor=
den, den er haben sollte, von seinem Rock und
seinen Hosen. Manche gewärtigten sich irgend
eines Spaßes, wenn der Knabe, seiner Würde
vergessend, mitten unter den ernsthaften Feier=
lichkeiten irgend etwas beginge, was sich doch
von seinem zarten Alter erwarten ließ. Nicht
wenige freuten sich eines Schauspiels, worin das
Wesen der höchsten Gewalt, auf eine so lächer=
liche Weise dargestellt, Stoff genug zu bittern
Scherzen über die Gutmüthigkeit der Völker
Anlaß geben würde.

Endlich erschien der Hof, und der königliche
Knabe nahm neben seiner Mutter Platz. So
wie dies geschah, konnten sich die Frauen schon
nicht mehr halten. Allen Wohlstand und alle
Rücksicht gegen die Hintenstehenden vergessend,
bestiegen sie die Bänke, um die neue Puppe zu
sehen. A basso Signore! rief es laut von
hinten. Sie blieben. A basso! noch lauter,
a basso! a basso! schrie der ganze Hinter=
grund. Eine besonders war sehr grob, und är=
gerte viele durch ihren Eigensinn, sich nicht nie=
derlassen zu wollen. A basso quella bianca!
— setze dich Weiße! — (sie war weiß gekleidet)
rief es laut von hinten. Aus Furcht beim Namen
genannt zu werden, setzte sie sich endlich.

Der Podestà hielt nun eine Rede, von der
aber wohl Niemand etwas verstand. Zum Glück
dauerte sie nur kurze Zeit, und der ehrwürdige

Senat hatte bald das Glück, zum gnädigen Handkuß gelassen zu werden. Es that wehe, daß alte ehrwürdige Greise sich so tief vor einem unmündigen Kinde erniedrigen mußten.

Nach dieser Zeremonie begab sich der Hof auf einen der Altane des Palasts, welcher den Großherzogsplatz beherrscht. Hier hatte sich nun der ganze große Haufen versammelt, welcher aus Mangel an Gallakleidern nicht in den Palast selbst zugelassen worden war. Ueberall ward der königliche Knabe mit lautem Beifallklatschen empfangen. Ueber die Artigkeit, womit das Kind seine kleinen Hände zusammenschlug, hatte das Volk vergessen, wie unverantwortlich die Politik über sein Schicksal entschieden hatte.

Bald zog ein anderer Anblick die Neugierigen nach der Loggie hin, wo eine Tafel für etwa hundert Kinder beiderlei Geschlechts gedeckt war. Aus den Armen der Stadt waren diese durchs Loos gewählt und sämmtlich neu gekleidet worden. Jedes bekam noch über dies einen Scudo unter den Teller. Im Angesicht des ganzen Volks wurden sie von vornehmen Personen bedient. Beides, die Eßlust und die Verlegenheit der Kinder waren ein erfreulicher Anblick. Unzählige andere Kinder, welche der launische Glückstopf von dieser Tafel ausgeschlossen hatte, drängten sich hinzu, um wenigstens ihre Augen an dem Glück zu weiden, das sie übergangen hatte. Die Wachen hatten Arbeit genug, die beschwerlichen Gäste abzuhalten.

Auffallend war übrigens die Ruhe und die Nüchternheit, welche man an diesem Tage unter dem Volke herrschen sah. Sie unterschied sich so stark von den Ausdrücken der Freude in den ältern Zeiten, wo sie bis zur Tollheit ausschweifte. Sollte sich der Karakter des Volks so sehr geändert haben? Leichter erkennt sich hierin die durch die letzten politischen Veränderungen bewirkte Volksstimmung.

Der Luxus ist in Florenz höher gestiegen, als in jeder andern italienischen Stadt, Mailand allein ausgenommen. Nie besser als heute konnte man dies erkennen. Aber es ist ein Luxus eigener Art, der den Handlungsgeist des Volks in den ältern Zeiten verräth, und sich weniger in dem Wechsel der launischen Modegöttin, als in der soliden Kostbarkeit des Schmucks ausprägt. Besonders aber erregen dem Fremden die vielen geschmackvollen Equipagen Erstaunen, welche mit schönen Pferden bespannt, und mit sehr gut bekleideten Bedienten beladen waren.

Der heutige Korso begann Abends etwa um fünf Uhr, und zog sich von der **Porta di Prato** an durch die Straße **d'ogni Santo** über die Brücke **alla Carraja** bis weit in den jenseits des Flusses gelegenen Theil der Stadt hinein. Sehr viele der Vornehmen hatten sich für diesen Korso prächtige und geschmackvolle Wagen machen lassen, die Miethkutschen sich so köstlich, wie möglich, herausgeputzt. Auch der Hof erschien in mehrern, aber nicht sehr geschmackvollen Kutschen, und der kleine König ward, nebst seiner Mutter, überall mit Händeklatschen empfangen. In allen Straßen, durch die der Zug der Kutschen und der gleich nachfolgende der Rennpferde ging, waren Gerüste errichtet, welche mit Menschen angefüllt waren. Alle Fenster voll Zuschauer; zwischen den Wagen durch drängten sich die Fußgänger, um noch Plätze zu suchen.

Endlich hielt der Hof vor einem Balkon, der ungefähr in der Mitte der Straße d'ogni Santo errichtet war. Der päpstliche Nuntius und die wenigen fremden Gesandten waren bereits daselbst versammelt. Nun mußten die Wagen sich entfernen, und die wenigen noch übrig gebliebenen Plätze auf den Gerüsten und in den Häusern füllten sich vollends. Die Rennpferde, etwa sechzehn an der Zahl, wurden die Straßen heruntergeführt. Alle waren mit Nummern bezeichnet, ungesattelt, und nur mit kleinen Sporen behängt, um sie zum Laufen anzutreiben. Die Ungeduld dieser Thiere war so groß, daß sie, kaum an der Stelle angekommen, auch gleich auf den Schall der Trompete losgelassen werden mußten. Einige Tage nachher, da das nämliche Spiel wiederholt wurde, übersprangen drei der Renner sogar früher die Schranken, und der Preis konnte nicht ausgetheilt werden.

Diese Pferde gehören den reichsten florentinischen Edelleuten zu, und werden bloß für diese Gelegenheit unterhalten. Sie sind meist englischer Zucht, sehr leicht gebaut, und rennen wirklich mit einer ungeheuren Schnelligkeit zum Ziel. Kaum hat man sie am Auge vorbeifliegen sehen, so verbreitet sich auch schon die Nachricht von ihrer Ankunft am Ziel, und die Nummer des siegenden läuft von Munde zu Munde in einigen Augenblicken die zwei italienische Meilen lange Straße hinab.

In ältern Zeiten wurde dieses Fest häufiger in Florenz gefeiert. Das Andenken merkwürdiger Tage der Stadt wurde auf diese Weise erhalten, und die Florentiner kamen dadurch nach und nach in den Ruf, den sich die Engländer heutzutage erworben haben. Auch war die Theilnahme des Volks dabei so groß, daß man Wetten darüber einging. Der italienische Satyriker Menzini nimmt von diesen Spielen das Bild zweier aufs hitzigste gegen einander streitenden Meinungsparteien. Heutzutage aber, wo alle dergleichen Festlichkeiten nur noch als Alterthumsstückchen angesehen werden, ist man so gleichgültig geworden, daß sich ein großer Theil des Volks schon verlaufen hat, ehe man nur weiß, welches der Pferde den Sieg davon getragen. Uebrigens finden sich die Engländer häufiger, als bei jedem andern italienischen Fest, bei diesem ein. Man versichert, daß manche schon mit Extrapost hiebergekommen sind, bloß in der Absicht zu vergleichen, ob ein Rennpferd in London oder in Florenz schneller läuft.

Der Preis für den Sieger besteht in einem Stück kostbaren Zeugs, das in einer der Straßen aufgehängt ist, und nachher in der Stadt herumgetragen wird. Indeß hat man kaum die Pferde aus dem Auge verloren, so ist es auch dunkel geworden, und was die Nacht dem Auge nicht verbirgt, das hüllen die nun von der sich bewegenden Menschenmenge aufgeregten Staubwolken in die dichteste Finsterniß.—

Brief aus Pisa.

Den 5. August 1802.

Kaum habe ich mich einige Stunden von Livorno entfernt, so mache ich schon Halt, um an dich zu schreiben. Das schöne Land, wo das si ertönt, wie Dante sagt, ist aber auch gar zu reizend; und wer aus den abwechselungslosen Gegenden von Livorno kömmt, der weilt gern in diesen lieblichen Thälern des Arno, und schaudert bei Ugolino's Fluch:

So komme bis zu deines Arno Kehlen
Capraja und Gorgona hergerückt,
Daß du ersaufen mögst mit allen Seelen!

— — —

Am Abend machten wir noch einen Spaziergang nach den Bädern von Pisa. Der Weg ist der angenehmste, den man sich nur denken kann. Auf beiden Seiten abwechselnd mit Pappeln, Weiden, Oliven und Maulbeerbäumen umgeben, welche durch Guirlanden von Reben festlich zusammenhängen, zieht er sich in unzähligen Krümmungen über die Ebene hin. Links ist ein mit Wasser gefüllter Graben, und rechts fließen hoch, aber ruhig, die Acque delle Gondole dir entgegen. Zu beiden Seiten eröffnet sich mit jedem neuen Acker eine neue Baumperspektive, welche in munterm Gehölz sich endet. Auf diesem kurzen Wege verdrängt eine schöne Aussicht die andre. Jeden Augenblick krümmt sich die Straße, und zeigen sich die nämlichen Gegenstände in einer andern Zusammenstellung. Manchmal gibt ein romantisches Bauernhaus, eine pittoreske Brücke, oder die ferne Ansicht der Wasserleitung von Pisa, der Landschaft ein neues Interesse, welches, plötzlich wieder verschwindend, durch ein andres ersetzt wird. Näher gegen die Bäder sind an den Ufern der Acque delle Gondole schöne Alleen und Rasensitze ausgehauen, und nur an diesen und den Felswänden, welche, beinahe senkrecht emporsteigend, die Aussicht einschließen, bemerkt man die Nähe des Orts. Der Weg krümmt sich wieder, und nach und nach hebt sich aus dem Gebüsche ein Haus um das andre einladend empor.

Das Bad hat alle möglichen Bequemlichkeiten. In den Häusern hübsche Zimmer, gute Kaffees und Billiards, und der Vortheil, seine Haushaltung selbst führen zu können, sind Vorzüge, welche man in Italien kaum erwarten sollte. Aber das Beste sind doch die Gegenden selbst. Die schönen Wege gegen Pisa und Lucca, die lieblichen Ufer der Acque delle Gondole, die benachbarten Berge, die freundlich schattichten Olivenwäldchen, und die grausen Felspartien lassen einen nie um den Spaziergang verlegen. Jeden Tag kommen Besuche aus den Nachbarorten. Die Freiheit des Platzes, und die Gleichheit der Forderung der Gesundheit und des Vergnügens laden zur erfreulichsten Geselligkeit ein. Wer seine Brust stärken will, ersteigt die Berge, genießt die reine Gebirgsluft, und athmet die Wohlgerüche, welche von den tausend Blumen ausströmen. Hierzu noch die Nähe des stillen Pisa's mit seinen Kunstschätzen, des geräuschvollen Livorno's, der prächtigen Certosa, die merk=

würdigen Berge mit ihren großen Aussichten — ich weiß nicht, was ein Gesunder, was ein Kranker an Leib und Seele mehr wünschen möchte als, der erste möglichste Verlängerung seines Aufenthalts, und der zweite die Erlangung desjenigen Guts, ohne welches kein Erdenglück dem Menschen schmackhaft ist.

Ein anderemal, als ich hier war, bestieg ich den hohen Berg hinter den Bädern. Der Weg war sehr steil, und wurde durch die glühende Hitze, welche aus den Felsteinen strömte, äußerst beschwerlich. Aber die herrlichen Gerüche, die aus den unzähligen Blümchen und Gesträuchen dufteten, der Anblick ihrer vielfachen, so lebendigen Farben, und der Rückblick auf die nach und nach sich mehr unter dem Horizont erhebende Landschaft hielt mich hinlänglich für alle Mühe schadlos. Als ich die Spitze erstiegen hatte, lag ein großer Theil von Toskana wie eine Landkarte vor meinem Auge.

Gerade am Fuß des Berges unter mir die freundlichen Bäder. Vor ihnen dehnten sich die regelmäßigen, rings mit Bäumen und Gebüschen umzäunten Felder, welche sich einzeln zwar symmetrisch hinzeichneten, doch sich in vielen verschiedenen Linien näherten, und einander in unzähligen Winkeln begränzten. Mitten durch sie hin zog sich der klare Fluß delle Gondole mit seinen Alleen, und wurde schon in weiter Entfernung zwischen den Wäldern in weiterem regelloseren Bette sichtbar. Links wand sich der langsame Arno hinter dem Berge hervor; vor mir lag Pisa, weiter hin Livorno, und an des Horizonts Gränze schloß das Meer Himmel und Erde in seine Arme. Die vielfachsten Farben waren in diesem reichen Gemälde in einander geschmolzen, und ließ sich keine Nüance des Grünen denken, welche nicht rein und klar hingegossen, oder sanft mit andern Farben gemischt war. Hie und da erhob sich aus dem Gebüsch ein niedriges Haus, schlängelte sich eine weiße Straße, erschien eine graue Ruine auf den Bergen, oder ein geschwelltes Segel am fernen Horizont.

So saß ich oben verloren in dem Genuß dieser herrlichen Natur. Da läutete man in Pisa mit vielen Glocken. Ein munteres Windchen wehte von Deutschland her, und verlöschte die Töne in kaum hörbare Geisterharmonien.

Brief aus Lerici.

Diesen Morgen früh kamen wir von Sarzana in Lerici an. Wir werden uns hier nach Genua einschiffen, wissen aber noch nicht, wenn dies geschehen wird. Zwar liegen viele sogenannte Feluken, eine Art kleiner Schiffe, die in diesen Meeren einzig und allein zur Küstenschifffahrt gebraucht werden, da, und die Schiffer melden sich zu Dutzenden bei uns, um uns nach Genua zu bringen. Allein die meisten geben erst in einigen Tagen ab. Mehreren darunter hat der Schöpfer auch zu deutlich ins Gesicht geschrieben, als daß wir uns ihnen anvertrauen möchten; und diejenigen, die ausdrücklich wegen uns abgehen wollen, fordern für diese kleine Fahrt nicht weniger, als hundert genuesische Lire, etwa sieben Dukaten. Da der neue Erzbischof von Genua hier von Sarzana, seinem Geburtsort, erwartet wird, und für ihn ein eigenes Schiff da liegt, an dessen Kapitän wir empfohlen sind, so werden wir ihn erwarten, um in seinem Gefolge in Genua einzuziehen, und auch unsern Antheil an den Kanonenschüssen zu bekommen, mit denen die stolze Beherrscherin der Meere ihren geistlichen Hirten begrüßen wird. Diese Verzögerung ist mir eben nicht unangenehm, da wir hier eine Wohnung haben, von der aus wir eine der herrlichsten Gegenden in der Welt mit aller Bequemlichkeit genießen können, und, was mir eben so lieb ist, da ich hier Zeit habe mich mit dir zu unterhalten, und dir von alle dem Schönen, was ich auf meinem Wege bisher sah, einen schwachen Abriß zu liefern. Laß mich von Lerici anfangen.

Dieser kleine, am Meerbusen von Spezia gelegene Ort scheint von der Natur ganz zu dem bestimmt zu seyn, was er ist. Er liegt auf der südlichen Seite des Golfs, wo die Landstraße von Toskana endet. Nicht weit von hier ist der neue Postweg nach Parma; und da die Reise über die Genueser Gebirge immer höchst beschwerlich, jetzt aber wegen der vielen Räuber und der Armuth ihrer Bewohner äußerst gefährlich ist, so benutzen die meisten Reisenden die vielen Schiffsgelegenheiten, welche zwischen hier und Genua sind, und machen diesen Ort zum Mittelpunkt ihrer Reise von der letztern Stadt bis nach Livorno. Man hat daher auch neulich wieder ein schon altes Projekt erneuert, und von der Anlegung eines Hafens an diesem Ort gesprochen, der an die italienische Republik angeschlossen werden, oder der ligurischen bleiben sollte, indem dieser Platz offenbar besser gelegen ist, als Genua. Du weißt, wie unsicher der Hafen dieser letztern Stadt, wie sehr er den fürchterlichen Südwestwinden ausgesetzt ist, und wie oft, im Angesicht der Stadt, mitten in dem Hafen Schiffe zu Grunde gehen. Der nackte Boden Genua's selbst, der die nöthigsten Bedürfnisse gewaltsam steigert, die Schwierigkeit der Kommunikation mit der Lombardei über die Bocchetta, und die gewisse Aussicht, den ganzen Handel der westlichen Küste Italiens in diesem Orte zusammen zu ziehen, und die nördlichen Theile dieses Landes zu einer Höhe hinauf zu treiben, die von ihnen den ganzen Süden abhängig machte — dies möchten die Hauptgründe seyn, welche, in Verbindung mit der vortrefflichen Lage des Terrains, ein solches Projekt zur Ausführung bringen könnten. Bei der gehörigen Tiefe des Wassers, dem vortrefflichen Ankergrund, der sichern Einfahrt in den Meerbusen, dem Ueberfluß an Wein, Holz, Oel, den diese Gegend besitzt, und dem Reichthum an süßem Wasser läßt sich auch kein Grund denken, der die Ausführung des Plans verhindern dürfte, als die Eifersucht der Stadt Genua und des nahen Livorno's. Diese beiden Städte würden natürlich mit einem Male veröden; die glänzenden Paläste Genua's würden bald als Ruinen bewundert werden, und der König von Toskana den schimmerndsten Edelstein aus seiner Krone, um dessen willen sie fast allein etwas werth ist, verlieren. Aber die schiffenden Nationen dürften sich dieses sichern Asyls gegen die Stürme des Mittelmeers erfreuen, und in Kurzem würde sich hier eine prächtige Handelsstadt erheben, die den heutigen Glanz Genua's wenigstens weit übertreffen würde.

Der ganze Ort ist von Schiffern bewohnt, deren Leben unter den beständigen Fahrten zwischen Genua und Livorno, und auch noch etwas sublicher, verfließt. Sie scheinen, den Häusern nach zu urtheilen, ziemlich wohlhabend, und ich weiß, daß es wirklich viele reiche Leute, besonders unter den Besitzern der Feluken gibt. Ein solches Fahrzeug, die in verschiedener Größe gebaut werden, und in deren Bauart das Eigene ist, daß sie ziemlich flach sind, daher nicht tief im Wasser gehen, und nur Einen Mast im Vordertheile des Schiffes haben; ein solches Fahrzeug richtet sich nicht immer nach dem guten Winde, sondern wird, wenn dieser auch widrig ist, durch Ruder fortgetrieben. Ohne Kompaß, ohne die geringsten andern nautischen Kenntnisse, als die, welche schon die Phönizier besessen haben mögen, wagt es sich nicht leicht auf die hohe See, sondern behält immer das freundliche Land im Gesicht. Außer den Gepäcken, die es einnimmt, besteht bei den kleinern Fahrzeugen dieser Art, die daher auch Kurierfeluken genannt werden, der Hauptvortheil der Besitzer in der Anzahl der Reisenden, welche sie führen. Deswegen findet man auch auf diesen Schiffchen eine bessere Behandlung und mehrere Bequemlichkeiten, als man z. B. auf den Küstenfahrern des adriatischen Meeres antrifft. Jeder der Matrosen bekommt ein Sechszehntheil von dem Gewinn; und da immer noch, nach italienischer Sitte, ein Trinkgeld bedungen wird, so kannst du dir kaum vorstellen, wie artig und zuvorkommend diese rohen Leute sich gegen die Fremden zu betragen wissen. Jeder von ihnen wählt sich unter den Reisenden vom ersten Range (denn sie nehmen alles, was kommt) seinen Mann, um ihn zu bedienen, und nicht selten wird einem seine zu weit getriebene Dienstfertigkeit beschwerlich. Bald ist es ein Polster, das er dir unterlegt; bald bietet er dir einen Apfel an; bald fragt er dich, ob du Hunger, ob du Durst hättest, und öffnest du den Mund, so eilt er, wie ein Blitz, deinen Befehl zu erfüllen. Jeder Reisende nimmt seinen Proviant selbst mit, in besondern dazu eingerichteten Körbchen, die man einem an dieser Küste für eine Kleinigkeit verkauft. Da nun die Gesellschaft aus mehreren Personen besteht, und man so enge zusammen einander, wie auf Postwägen, sogleich vertraulich nahe kömmt, so bietet Jeder dem Andern von seinen Leckerbissen an, und man wird durch die gegenseitige Gastfreiheit in den Stand gesetzt, eine Mahlzeit zu thun, wie man sie hier nicht erwarten sollte, und bei der Keiner verliert, aber Alle gewinnen. Die Gesellschaft ist im höchsten Grade gemischt, Jeder bedarf des Andern, und gänzliche Gleichheit herrscht. Die Unterhaltung ist daher gewöhnlich höchst jovialisch, ob sie gleich manchmal durch massive Scherze, die in keiner italienischen Gesellschaft so leicht fehlen, oder durch die lauten Krämpfe der Seekranken, für ein etwas delikates Ohr unangenehm, gestört wird. Je kleiner das Fahrzeug ist, desto gewisser findet alles, was ich dir bis jetzt zum Vortheil desselben gesagt habe, Statt. Aber andere noch größere Vortheile entspringen hieraus. Du weißt, daß alle an der westlichen Küste Italiens liegenden Mächte im ewigen Kriege mit den barbarischen Seeräubern sind. Die Gewässer von Genua werden hauptsächlich durch sie unsicher gemacht, und so mancher Genueser schmachtet in ewiger Sklaverei zu Tripoli, Tunis und Algier. Die Furcht vor einem solchen Unglück, und dann auch die Bauart des Fahrzeugs, nöthigt die Leute daher, sich zunächst an das Ufer zu halten, wo sie beinahe alle vier bis fünf Stunden eine kleine Bucht haben, in welche sie einlaufen können. Auf diese Art kömmt man zwar etwas langsamer vorwärts, allein desto sicherer, und mit dem Vortheil, die oft lieblich schönen, oft schrecklich erhabenen Ufer dieses Landes genau und in der Nähe betrachten zu können. Ich würde daher jedem Reisenden, der auf seiner Fahrt genießen will, anrathen, ein so kleines Fahrzeug, als immer möglich ist, zu nehmen, besonders da ein solches auch durch den widrigen Wind nicht so sehr gehindert wird, mit den Rudern vorwärts zu bringen, als ein großes.

Auch haben wir so eben ein kleines Boot gemiethet, mit welchem wir gegen Mittag nach Genua abgehen werden. Die Abreise des Erzbischofs wird sich noch ungewiß lange verzögern, und wir benutzten diese kleine Barke um so lieber, da sie gewöhnlich den französischen Kurier von Genua hieher bringt, und sich mit ihrer Rückreise so sehr als möglich beeilt. Wir haben das Fahrzeug einzig und allein für uns in Beschlag genommen, und bezahlen dafür drei Dukaten. Aber ehe wir abreisen, muß ich dir noch unsern Weg bis hieher beschreiben, und etwas von den herrlichen Ansich-

ten sagen, deren dieser Meerbusen so viele dar=
bietet.

Von Massa nach Lavenza führt die Straße im=
mer durch fruchtbare, vortrefflich angebaute Fel=
der. Der letzte Ort selbst, wiewohl nur klein,
zählt doch viele ansehnliche Gebäude, welche reich
mit den schönsten Marmors geziert sind. Eben
so angenehm ist die Straße von hier bis nach
Sarzana, wo man in einiger Entfernung an der
alten etrurischen Stadt Luni vorbeikömmt. Es
hatten sich sonst noch einige bedeutende Ruinen
derselben erhalten; heutzutage soll aber alles zer=
stört seyn, und ich selbst sah in der Werkstätte eines
cararischen Bildhauers eine kolossale, aus Nero
antico gearbeitete Büste, wozu der Marmor aus
den Trümmern eines dort befindlich gewesenen
Tempels genommen war. Ein solcher Block,
wie er zu dieser Büste nöthig war, und aus so
kostbarem Stein bestehend, kann dazu dienen, uns
einige Begriffe von der Pracht dieser alten etru=
rischen Stadt zu geben.

Sarzana, berühmt in der ältern Kirchenge=
schichte als der Geburtsort des Papstes Nicolaus V.,
vielleicht des größten und uneigennützigsten Be=
förderers der Wissenschaften unter allen Nachfol=
gern Petri und in der neuern als Nachtquartier
des todten Pius VI., ist ein elender Ort, der von
einem Haufen in sehr übelm Ruf stehender Leute
bewohnt wird. Wirklich kann man sich auch in
diesem Städtchen nicht genug in Acht nehmen,
um nicht von allen Seiten betrogen zu werden.
Die Bewohner scheinen übrigens ziemlich wohl=
habend zu seyn, da ihr Boden außerordentlich

fruchtbar, und der Handel mit den Produkten des=
selben ihnen durch ihre Lage sehr erleichtert ist.

Eine Bemerkung, die uns Beiden auf unserer
Reise sehr aufgefallen ist, muß ich dir bei diesem
Orte um so eher mittheilen, da er dieselbe so deut=
lich bestätigt. Wir glaubten nämlich auffallend
zu sehen, wie sehr und wie stufenweise sich die Ka=
raktere dieser Küstenbewohner in dem Ausdruck
der Gesichter verschlimmern, je näher man Ge=
nua kommt, und je weiter man sich von Toskana
entfernt. Dieses Land, cara agli Iddii ed
agli uomini, wie sich ein italienischer Schrift=
steller ausdrückt, zeichnet sich durch die Ehrlich=
keit und Biederkeit seiner Bewohner unter den
Nachbarstaaten so vortheilhaft aus, daß gewiß
jeder, der länger in demselben lebte, und unbe=
fangen genug ist, eine Nation nicht nach dem
Pöbel der größeren Städte zu beurtheilen, sich
ungerne von demselben trennt, und, so wie er
es verlassen hat, den großen Unterschied zwischen
diesem und andern Ländern unangenehm em=
pfindet. So erging es uns, da wir schnell von
der beschwerlichen Dienstfertigkeit dieser Leute
von allen Seiten umringt wurden. Nur zu
bald bemerkten wir, wie einverstanden sie alle
waren, und wie sie sich durch Augenwinke und
andere leise gegebene Zeichen zu unserm Scha=
den verabredeten. Zwar hatte man uns vor=
her schon davon unterrichtet; allein da wir so
oft die Erfahrung gemacht hatten, wie schief
Menschen und Völker gewöhnlich beurtheilt wer=
den, so nahmen wir unsre Gutmüthigkeit nicht
eher zurück, als bis wir ihr einige Male ge=
opfert hatten.

Trotz den vielen Krüppeln, welche wir an diesem Orte besonders häufig bemerkten, sind die Formen der Weiber wirklich schön, ob ihnen gleich die blühende Haut und die lebendige Grazie der Toskanerinnen fehlt. Die Männer hingegen sind häßlich, und haben selten einen andern karakteristischen Zug im Gesicht, als den der Bosheit. Das Kostüm des Landvolks hat viel Aehnliches — besonders bei den Weibern — mit dem der Figuren in Campo santo zu Pisa, und das kleine Strohhütchen, das nur leicht aufgesetzt ist, gibt den Brünetten dieser Gegend ein Ansehn von Schalkhaftigkeit, welches zu den Spielen der Liebe herauszufordern scheint. Andre tragen ihre Haare in einen großen Chignon aufgebunden, dem nichts als eine Blume zum Schmuck dient; andre schlagen ein viereckiges Tuch auf eine ganz eigene Art um den Kopf, die der Tracht der alten Römerinnen eigen ist. Die Männer aber haben fast durchgängig die einfältigsten dreieckigen Hüte auf dem Kopfe.

Sarzana war in den ältern italienischen Kriegen ein sehr bedeutender Ort, und noch heutzutage sind seine kleine Festung und das entfernte größere Bergschloß Sarzanella Merkwürdigkeiten für die Geschichte der Befestigungskunst. Jetzt halb verfallen, häufig mit Epheu überzogen und bizarr ohnedies in ihren Zusammensetzungen, geben beide äußerst malerische Ansichten. Ueberhaupt wäre in diesen Gegenden noch ein reiches Feld für den Landschaftsmaler. Nur an den Ländereien um den Meerbusen von Spezia herum hat die Natur so vielfachen Reichthum in Formen und Farben ausgegossen, daß sich hier nicht nur herrliche Studien machen, sondern auch die schönsten Ansichten ganz auffassen ließen. Ein geschickter Künstler, welcher diese Gegenden bereiste, könnte hier und noch weiter die Riviera hinauf sich ein Portefeuille sammeln, das die schönste Voyage pittoresque durch die ligurische Republik abgeben müßte.

Wir hielten uns einen ganzen Tag auf, und reisten des Morgens früh weiter gegen die Küste zu. Die Gegenden, durch die wir kamen, erschienen im Dunkel des Morgens, ehe die Sonne aufging, eben nicht lieblich, und leiden durch den, trotz der großen Sommerhitze noch ziemlich tiefen Magra große Verwüstungen. Gegen das Meerufer zu wendet sich der Weg ziemlich steil zwischen lauter Oelbäumen hinab in die Tiefe; mit einem Male sieht man durch die Bäume hindurch den schimmernden Spiegel der See, und nach und nach hebt sich die schönste Ansicht des Meerbusens weiter hervor.

Neben Lerici, in das man nun einfährt, liegt ein altes Fort, Santa Maria, hoch auf einem Felsen, der den Meerbusen beherrscht. Um die ganze herrliche Gegend in Einen schönen Blick zu fassen, ist wohl kein Ort tauglicher, als dieser, auf welchen ich mich dann auch wieder hinaufdenke, um dir zu sagen, was ich gesehen habe.

Das Wetter ist heiter, der Himmel klar, wie die Ruhe selbst, und das Meer grünblau und hell wie ein Spiegel. Nur ein schwaches Windchen kräuselt kleine Wellen, und wiegt die tausend Dekorationen des Ufers in angenehmer Bewegung. Hier und da scheint der Meeresgrund braun oder

Rehfues.

grau hindurch, und die verschiedenen Grade des Schattens bringen eine solche Mannichfaltigkeit in der Meeresfarbe hervor, die das Auge kaum zu unterscheiden, die Erinnerung kaum zu behalten vermag. In tausend Zacken dehnt sich das Ufer in die See hinein, und jede solche Landspitze enthält eine neue Partie in diesem herrlichen Landschaftsgemälde. Bald ist es ein Dörfchen, bald eine gut angebaute Flur, bald eine Kirche, bald eine alte Festung oder ein fruchtbarer Oelhügel, welche diese vielfachen Abwechslungen hervorbringen. Hier ist das Ufer wild und unwirthlich: halsbrechend kühn dehnen sich Gesträuche und Bäume über die Felsenmassen hinauf, werfen einen dunkelgrünen Schatten auf die Fluth, und verhindern, daß die helle Meerfarbe nicht zu stark gegen die düstern Felsenmalereien absteche; dort zieht sich das Land allmählig sinkend, und mit fruchtbaren Pflanzungen bedeckt, hinunter zu den ruhigen Wellchen, und läßt sich gefällig von ihnen kosen. Da dehnen sich die Häuser von Lerici, wie auf Leinwand gemalt, rund um die Küste; dort steht kühn auf der Felsenspitze ein Bergschloß, das halb in Trümmern noch ehrfurchtheischend heruntergebietet. Vor mir zur linken Seite schließt sich das beinahe ovale Amphitheater des Meerbusens mit einer Kapelle auf dem Vorgebirge, auf der andern endet es sich mit der kleinen Meerenge von Porto Venere, die durch die drei reizenden Inseln Palmara, Tino und Tinello (worunter die erste und größte schön angebaut ist) gebildet wird. In diesem ganzen, schön von der Morgensonne beleuchteten Runde übersehe ich gegen zwanzig größere und kleinere Städte und Dörfer, die alle, so trüb es auch um die Geister darin aussehen mag, doch sehr freundlich herblicken, und lieblich sich in der See spiegeln. Hinter ihnen erheben sich die schönsten Pflanzungen, mitunter kahle Berge, und schließen sich an den blauen Himmel an. Und doch ist in diesem so vielfachen Gemälde so viel Einheit, daß, wo man sich hinstellt es anzusehn, dasselbe mit tausend Modifikationen immer ein andres und doch das nämliche erscheint. Es ist ein solcher Reichthum von Farben darüber ausgegossen; von der blassen Färbung der Oelhügel bis zum hohen leuchtenden Meergrün fließen die Nüancen so leise zusammen, daß einem höchstens ein paar hochroth gemalte Häuser anstößig werden. Es ist so viel Farbenharmonie hier, daß selbst die Felsenufer sich nicht allein in ihrem Braun zeigen mögen, sondern sich in Gebüsche kleiden, um hier, wo die Farbe der Hoffnung und der Gesundheit herrscht, dem genießenden Auge nicht zu mißfallen. Es wiegt sich auch, wie ein flüchtiger Kahn, wie ein leichtes schimmerndes Wölkchen über den Golf hin, und ruht und eilt, und möchte sich fest halten, und findet immer einen schönern Punkt. Die Phantasie wird hier ruhig bewegt, wie die Fluth, jeder andre Gedanke schweigt, und man überläßt sich einzig und allein dem mächtig wirkenden Zauber der schönen Natur.

Wir fanden auf diesem Fort zwei Kanonen, eben so viele Mörser und vier Mann Wache, die den Golf vor den barbarischen Seeräubern, welche häufig Landungen an der genuesischen Küste wagen, beschützen sollen. Wir trafen aber, als wir es bestiegen, keinen der Wächter an, die, ohne ihre Festung nur zu verschließen, sämmtlich ausgegangen waren. So machten wir uns, ohne Schwertstreich und ohne Kapitulation, Meister von dem Meerbusen von Spezia.

Die italienischen Improvisatoren.

Sie wissen wohl schon, mein Freund, daß das Improvisiren in Italien zu einer Art von Gewerbe geworden ist, das seinen Mann leiblich nährt. Wer es in dieser Kunst zu einiger Fertigkeit gebracht hat, und sich des Erwerbs nicht zu schämen Ursache hat, reist im Lande umher, und läßt sich in vornehmen Privatzirkeln und auf dem Theater hören.

Dieser Tage hatte ich das Glück, einer solchen Scene beizuwohnen. Der Rhapsode war ein Venetianer, Namens Luigi Roselli, und noch sehr jung. Er wird für einen der besten der gegenwärtigen Improvisatoren Italiens gehalten. Durch eine sehr viel versprechende Ankündigung hatte er das Publikum in das Theater eingeladen. Ich ging auch hin.

Erst ließ er, nach Art der Virtuosen, lange Zeit auf sich harren. Erwartungsvoll saßen die Zuhörer vor dem geschlossenen Vorhang, vor welchem nur ein roth überzogener Tisch stand, auf dem zwei Lichter brannten. Endlich erschien eine lange hagere Figur in schwarzer Kleidung. Sehr gravitätisch stellte sie sich, und machte ihre Verbeugung. Dann nahm sie den Stuhl, setzte ihn bald auf die e, bald auf jene Seite des Tisches, bis er endlich auf dem Platz stand, wo die Pythia ungefähr ihren Dreifuß hingestellt haben würde, wenn sie eine recht schwere Orakelfrage hätte lösen sollen.

Nun sitzt er, schneuzt sich, wischt sich ab, macht an der Halskrause, und schaut in die Höhe nach den Logen umher, als ob er in einer derselben seine Muse suchte. Dann nimmt er die auf dem Tisch liegenden Papiere, worauf die Themas zum Gesang geschrieben, und welche vorher von Einzelnen aus der Gesellschaft eingereicht worden sind. Er liest sie alle ab; es sind ihrer zehn bis zwölf, und verspricht eines um das andre abzuthun.

Die Musik fängt an. Wieder das nämliche Umherschauen, das wilde Zupfen an der Weste, dithyrambisches Räuspern, und endlich völlige Ruhe. Er beginnt. Noch sitzt er auf seinem Stuhl. Mit Ruhe hatte er angefangen. So wie er ins Feuer kommt, erhebt er sich mit Ungestüm.

Und ein Gedräng der Worte wie flöbernde Winterflocken strömt ihm vom Munde. Sein Händespiel wird heftiger, seine Miene bald selbstgefällig, bald wild. Am Ende sinkt er, wie erschöpft, auf den Stuhl zurück, beginnt aber schnell wieder ein neues Thema.

Seine Stimme war nicht unangenehm, und sein Gesang von einer Violin begleitet. Vorher hatte das ganze Orchester die Melodie gespielt. Sein fast unaufhörliches Lächeln war nicht gefällig, sein Händespiel arm und unbedeutend. Im Ganzen zeigte er wenig dichterisches Talent; denn seine Themas waren die alltäglichsten, und von ihm nichts weniger, als von einer neuen Seite aufgefaßt; überflüssige Wiederholungen, die Reime zu füllen, und sogar wenig Sprachreichthum. Ein Niesen, ein Husten, ein Augenglas von einem im Parterre führte ihn häufig zu einer Abschweifung, die er aber nie durch eine komische Wendung mit seinem Gegenstand in Verbindung brachte. Der Gang der Erzählung war immer genau der der Geschichte. Kein kühner Hineinflug und sogleich hinreißende Malerei. Nur die beständige Progression der Begebenheit, und nie ein poetisch gemaltes Hinhalten derselben.

Venus und Mars im goldenen Netze, so wie die Frage: ob der Zufall, oder die Einbildungskraft der Mütter mehr Antheil an der Bildung des Kindes hätten? — waren zwei Themas, die vor einem großen Publikum mit Delikatesse behandelt seyn wollten. Aber der Schleier, welchen er über die beiden Ertappten zog, war eben so durchsichtig, als Vulkans Netz, und das Gelächter des Publikums eben so stark, als das un=

auslöschliche Lachen der unsterblichen Götter. Beim zweiten Gegenstand deckte er vollends die geheimsten Geheimnisse der Menschenentstehung ohne Ruckhalt auf, und nannte Worte, welche man nur auf der Anatomie ohne Erröthen sagt. Das Thema wäre der feinern Satyre sehr willkommen gewesen, und statt die verschiedenen Erklärungsarten der Zeugung, wiewohl oberflächlich genug, anzugeben, wie er that, hätten ein paar tüchtige Peitschenhiebe des Spottes weit besser gethan.

Cäsars Tod, Hero und Leander, die verlassene Dido — waren hundertmal gesungene Gesänge, denen er es doch nicht an Plattheiten fehlen ließ. Die zu hörbare Skansion seiner Verse und die häufig übelpassende Melodie verhinderten aber doch nicht, daß man nicht gerne zugehört hätte. Solche Gedichte, welche im Lesen kaum genießbar sind, gewinnen, wie manche Schauspiele, durch die Aufführung, und erwecken wirklich das Vergnügen, welches die guten zum Zweck haben.

Ein Sonett in rime obbligate über Mucius Scävola's Heldenthat gegen Porsenna, dessen Endreime aus dem Gemeinsten bestanden, was der Livorneser Pöbel ersinnen kann, gerieth ihm nicht übel, ob er gleich dem Reim zu lieb den Scävola, statt mit einem Dolche, mit einem Stockfisch auf den Porsenna losgehn, und ihn seine Hand, statt sie über ein Kohlenbecken zu halten, in eine Schüssel voll brühend heißer Reeme tauchen ließ.

Dieser und andre sehr gerühmte Improvi=

satoren, welche ich in Italien gehört habe, vergrößerten meine Achtung für diese Kunst eben nicht sehr. Sie ist keine Poesie, sondern eine bloße Fertigkeit, eine Ausartung des Wahren und Schönen, wie sie in einem Zeitalter gewöhnlich ist, welches beide verloren hat, audax negotium et impudens, wie es Cicero schon genannt hat.

Auch in Italien sind die Besten dieser Meinung. Es hat mich sehr gefreut, was der Graf Gozzi in seinen Memoires über diese Kunst gesagt hat. Er trieb sie selbst, hatte die größten Meister gehört, und Sie werden mir es danken, wenn ich Ihnen seine Meinung hier abschreibe.

„Ich lernte ein Bischen auf der Guitarre klämpern," sagte er, „und sang in den Erholungsstunden, mit meinem Bruder wetteifernd, Reime aus dem Stegreif mit alle der Kühnheit, welche zu einem Geschäft nöthig ist, das die Menge wie ein Wunder anstaunt."

„Ich widerstebe meinem Wunsche nicht, ein paar Worte über dieses Wunder zu plaudern. Meines Bedünkens beweisen diese Volkshaufen, welche mit offenem Munde um einen Improvisatore stehen, nichts anders, als daß die Poesie, bei all der wenigen Achtung, die sie genießt, denn doch die große Gewalt über Köpfe und Herzen ausübt, welche man ihr gewöhnlich abspricht."

„Man sagt, Christoforo Altissimo, ein Dichter des vierzehnten Jahrhunderts, habe sein großes Gedicht in Oktaven aus dem Stegreif gemacht und so, wie wir es in einer sehr seltenen Ausgabe besitzen, sey es ihm nachgeschrieben worden."

„Ich habe dieses alte Gedicht gelesen; aber in einem Ocean von Oktaven fand ich nur wenige, welche des Namens Poesie würdig sind, ob es gleich wahrscheinlich ist, daß er nachher noch daran gefeilt hat."

„Ich habe verschiedene der berühmtesten Dichter und Dichterinnen dieser Gattung selbst gehört, und wohl bemerkt, daß, wenn man die Fluth von Versen, die sie mit brennendem Gesicht zum Erstaunen ihrer Zuhörer von sich sprudeln, aufschriebe sich Niemand finden würde, der die Geduld hätte, nur den zwanzigsten Theil davon zu lesen."

„Zuweilen sind die Improvisatoren gelehrte Leute, welche im Stand sind, über die tausend Fragen, die man ihnen vorlegt, gut zu sprechen. Würden sie das noch so vortrefflich in Prosa thun, es hörte ihnen keine Seele zu. Um eine große fanatische Menge um sich zu sammeln, müssen sie die Bilder und Gedanken, wie sie ihnen in den Kopf kommen, schnell und in schlechten Reimen, die oft nichts als ein sinnloses Wortgetön sind, von sich stoßen; denn die Menschen laufen dem Wunderbaren nach."

„Wollte ein Maler die Unverschämtheit und den Betrug unter der Maske der Poesie darstellen, so wüßt' ich ihm nichts Besseres zu rathen, als einen Improvisatore mit aufgerissenen Augen, mit den Händen in der Luft fechtend, und von einer Menge umgeben, zu zeichnen, welche ihm mit staunenden Gesichtern zuhört."

„Aus bloßer Höflichkeit werde ich mich daher

vor den Lorbeerkränzen bücken, welche man auf dem Kapitol dem Cavalier Perfetti*), der Corilla und Andern aufgesetzt hat. Aber von Herzen beuge ich mich vor dem Kranze eines Virgils, Petrarca's, Ariosto's und Tasso's."

„Die Herren Arkadier werden lachen, wenn ich einen Improvisatore anführe, den ich gekannt, und unzählige Male gehört habe. Aber ich würde eine Ungerechtigkeit begehen, wenn ich es nicht thäte, und nicht zugleich das Bekenntniß ablegte, daß er der Einzige ist, den ich Wunder wirken sah."

„Er spielte die Guitarre sehr gut, und sang in allen möglichen Sylbenmaßen unserer Sprache, ohne die Worte Clio, Plettro, Ruscelletto, Zefiretto unaufhörlich zu bringen.

---

*) Er war von Siena gebürtig, und wurde 1725 auf dem Kapitol gekrönt. Die nämliche Auszeichnung genoß die Mabdalena Morelli von Pistoja, bekannt unter dem Arkadischen Namen Corilla, im Jahr 1776. Von dem ersten macht Goldoni in seinen Memoires (T. IV. S. 96) großes Wesen. Von den Gedichten der Corilla gibt es mehrere Ausgaben. Auch die der Sulgher Fantastiri zu Florenz, welche, so viel mir bekannt ist, noch lebt, sind in der genannten Stadt gedruckt worden. Den größten Ruf aber besitzt gegenwärtig Gianni, dessen Werke gleichfalls im Publikum erschienen sind, und die Dichterin Bandettini.

Sein Gesang war mehr ein vertrauliches Gespräch, nicht laut, sondern sanft, reich an schönen Bildern, natürlichen, lebhaften und feinen Gedanken."

„Er improvisirte aber immer im venezianischen und paduanischen Dialekt — weitere Ursache zum Lachen für die Herren Arkabier."

„Einst sang er in Gegenwart von zween Todfeinden über das: Liebet eure Feinde, und über den Tod eines seiner Freunde. Die ganze Versammlung löste sich in Thränen auf, und die zween Todfeinde versöhnten sich."

„An solchen Wirkungen erkenne ich den wahren Poeten. Den zähl' ich unter die, welche für die Unsterblichkeit dichten. Den kröne ich auf meinem Kapitol."

„Der Herr Giovanni Sibilato, Bruder des berühmten Paduanischen Professors dieses Namens, ist der Mann, von dem ich spreche."

Sie sehen, wie Gozzi diese Kunst ansieht, wenn er gleich am Ende durch seinen Freund Sibilato mit ihr versöhnt scheint. Und wirklich kann man ihr die Bewunderung als Fertigkeit nicht versagen. Manchmal lassen sich zu gleicher Zeit zween solche Dichter hören, welche in Wechselgesängen einander zu übertreffen suchen. Zuweilen ruft während des Gesangs einer der Zuhörer ein Wort aus. Der Dichter läßt sich dadurch nicht unterbrechen; er fährt ruhig fort, muß aber sein Gedicht mit dem genannten Worte endigen.

Laßen Sie mich noch Einiges über das Dichterwesen in Italien überhaupt sagen. Es ist so weit

mit der Poesie gekommen, daß mehrere vorzüg=
liche Schriftsteller die gänzliche Verbannung der=
selben gewünscht haben, weil in ihr der Bildungs=
eifer der Jugend zu Grund gehe. Und sie haben
wahrlich nicht unrecht; denn die Wuth Sonette
und Rime obbligate zu verfertigen, ist so
groß, daß keiner in diesem Lande leicht auf Bil=
dung Anspruch macht, der nicht diese poetischen
Spielereien zur Hauptangelegenheit seines Gei=
stes erhoben hat.

Denken Sie: man zählt in Italien zum wenig=
sten zweimalhunderttausend lebende Dichter. Die
fünf und siebzigste Seele in Italien ist also eine
Dichterseele; welch ein lustiges Leben, werden Sie
sagen, muß es in diesem Italien seyn!

Trösten Sie sich indeß. Das Publikum erfährt
von diesen stillen Freuden wenig, so viel sich auch
der arme Dichter auf seinen Ruhm einbildet. Es
gibt da keine poetischen Findelhäuser, keine so ge=
fälligen Almanache und Zeitschriften, in welchen
diese Frühgeburten ausgesetzt werden. Ist der
Dichter wohlhabend, so widersteht er freilich sel=
ten der Versuchung, eine Sammlung seiner Ge=
dichte auf eigene Kosten zu veranstalten, und er
hat gewiß ein paar Freunde, welche ihn in eige=
nen Lobgedichten mit Homer und Virgil verglei=
chen. Aber von diesem neuen Virgil wissen nur
seine Vettern und Basen. Selten überschreitet
sein Ruf die Markung der Vaterstadt, und auch in
dieser lesen ihn nur die, welche täglich bei ihm zu
Mittag essen.

Die häufigsten Veranlassungen zum Druck von
Gedichten sind Heirathen, Taufen und dergleichen.

Da wird manchmal viel typographischer Luxus aufgewendet, und Bodoni's Presse hat schon mancher Ephemere dieser Gattung zur Ehre verholfen. Hören Sie darüber den launigen Zacchiroli in seinen Briefen an Albergati: „Ein andersmal geschieht es," sagt er, „daß irgend ein unbekannter Thor ein eben so unbekanntes Gänschen zum Weibe nimmt; sogleich sagt ein Dritter in Versi sdruccioli, daß dieser unbekannte Pinsel und seine eben so berühmte Hälfte die erlauchtesten Personen sind, welche die Welt seit Adam und Eva getragen hat. Er fügt hinzu, daß ihre schönen Seelen sich auf dem dritten Sterne lieben gelernt, ob man sie gleich nicht mehr als ein- oder zweimal auf dieser Erde gesehen hat, und sein Epithalamium endigt damit, daß er weissagt, wie aus dem liebenden Paar ein Haufen von Helden und Halbgöttern entspringen werde, über die das Weltall staunen müsse."

Außer diesen, denn doch etwas seltenen Gelegenheiten zu glänzen sind es sodann die Akademien, in welchen zur Trockenheit der literarischen Untersuchung immer auch etwas poetisches Wasser gegeben wird. Oft machte mich die Wichtigkeit lachen, welche die Italiener auf dergleichen Possen legten, und mit der sie manchmal ein elendes Sonett zum Gegenstand des ernsthaftesten Gesprächs machten. Doch nie habe ich einen komischern Eindruck empfangen, als in einer Sitzung der Arcadia zu Rom. Ein dicker Prälat, dessen Gesicht von Fett und Gesundheit glänzte, und dessen Stimme vor lauter Korpulenz ganz heiser klang, deklamirte ein Sonett, welches mit den Worten anfing:

Vedete, come l'amore m'ha consumato*) u. s. w.

Der Eindruck war auch ganz allgemein. Das lautschallende Gelächter verhinderte den verliebten Dichter einige Augenblicke lang fortzufahren, und ich werde den vor Liebe abgezehrten Prälaten nie vergessen.

―――――

*) Seht, wie die Liebe mich abgezehrt hat.

Inhaltsverzeichniß.

	Seite
Biographischer Umriß	5
Der Golf von Neapel	9
Der Karneval in Livorno	15
Genua	39
Die Festlichkeiten des Johannistages zu Florenz	56
Brief aus Pisa	69
Brief aus Lerici	72
Die itallenischen Improvisatoren	84